多様化する「キャリア」をめぐる心理臨床からのアプローチ

―青年期から老年期までのケースに学ぶ―

長尾 博 編著

Nagao Hiroshi

ミネルヴァ書房

はじめに

本書は、厚生労働省が認定する約四万五〇〇〇人のキャリアコンサルタント、約六〇〇人の企業における正規社員の産業カウンセラー、大学でキャリア関連の科目を担当する教員、各学校のスクールカウンセラーや進路指導の教員、および進路に悩む青年のために執筆したものである。

現代は、少子高齢化、就職難、非正規雇用の増加などが目立ち、経済状況、家族関係、教育現場などでの激しい変化のために青年にとって将来、自分は何になるのかについて容易には決断がしにくく、フリーターやニート、なかには不登校やひきこもりなどの心の問題を示す者も増えている。また、働いている成人のなかにも人間関係やストレスに悩み、職場不適応に陥る者も増えている。さらに高齢者で働きたいが職がないと悩む者も増えている。

わが国の心理臨床界は、従来から小・中学・高校へ派遣されて働くスクールカウンセラーや精神科・心療内科の病院で働く病院心理臨床家が主体をなし、一部企業を除いてキャリア心理臨床（学校現場でのキャリアカウンセリングや企業でのキャリアコンサルテーション、キャリアカウンセリング）の職場が少なく、また、その展開が容易ではないという現状である。アメリカのキャリアカウンセリングの大家サビカスも臨床心理学を専攻する多くの者がキャリアについてあまり重視しないことは悲しいことであると述べている。本来、「キャリア」という語も「カウンセリング」という語も外来語であることから、その意味は広く、また深くは浸透されてはいないと思われる。「キャリア教育」という語は、二〇〇四年（平成一六年）に文部科学省による「キャリア教育の推進に関する総合的調査研究協力会議報告書」が出された後、にわかに全国に広まっていった語でもあり、「カウンセリング」という語は、六〇年以上も前にアメリカの臨床心理学者のロジャースが来日し、わが国の教育界に広めていった語であるが、その後、マスコミがこの語を乱用したり、わが国の「甘え」文化の影響もあって、いまだ「カウンセリング」の本来の意味は普及されていないと思われる。このようなことから、わが国では、これまでキャリアカウンセリングに関するテキストは少なく、また、その著者も限られていた。

そこで本書では、このようなわが国の特徴をふまえて、私どものスクールカウンセリング、病院での心理臨床、大学におけるキャリアカウンセリング、就職相談センターでのキャリアカウンセリング経験にもとづいて、新たなキャリアに関する心理臨床のあり方をまとめてみた。

本書の特色は、①従来のクライエント中心カウンセリングが主体をなすキャリアカウンセリングに「心理療法」を適用するように導いている、②今後のわが国の経済状況をふまえてアメリカにおけるキャリアの概念やキャリアカウンセリングの諸理論をわかりやすく紹介している、③青年期と成人期以後という発達的観点と健常者と不適応ケースの違いという臨床心理学的観点との二点からキャリア心理臨床のあり方を多くのケースを通して説明している、④図や表を多く用いてわかりやすく説明している、⑤専門用語を理解してもらうために用語解説を加えているの五点がある。なお、各ケースの内容は、プライバシーの保持のために修正を加えた。

本書が、青年や成人および高齢者のキャリアに関わる方々にとって少しでもお役に立てれば幸いである。

二〇一七年八月

編著者　長尾　博

多様化する「キャリア」をめぐる心理臨床からのアプローチ
——青年期から老年期までのケースに学ぶ

目次

第Ⅰ部

理論編

第1章　キャリアとは

「キャリア」（career）という語はどういう意味があるのであろうか。「キャリア」という語の由来は、図1に示すように何かを運ぶもの（carrier）によってあるものを運び（carry）、その結果、ある目的に到達する（career）という意味がある。

その後、「キャリア」という語は、さまざまな意味をもつ語として変化していった。表1は、「キャリア」の定義をまとめたものである。

表1から、文部科学省（二〇〇四）は、「キャリア」の意味について自己と働くこととの関係を、厚生労働省（二〇〇二）は、職業能力（vocational ability）を、ホール（一九七六）は、仕事以外の諸活動を含めた点を強調している特徴がある。また、各定義の共通点として、「個人が生涯にわたり仕事や諸活動を行っていく経験の過程」という意味がある。

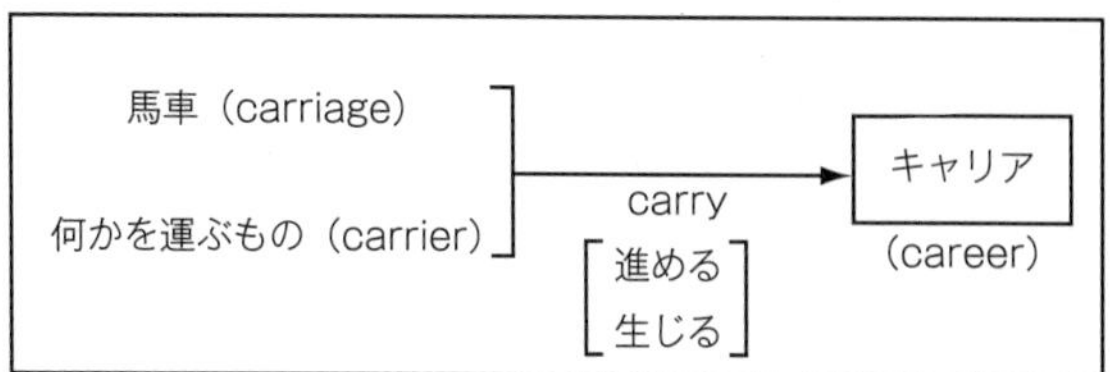

図１　「キャリア」という語の由来

表１　キャリアの定義

定　義	出　典
①職業・生涯の経歴、②専門的技能を要する職業に就いていること、③国家公務員試験上級甲合格者で、本庁に採用されている者の俗称	広辞苑
個人が生涯にわたって遂行するさまざまな立場や役割の連続及びその過程における自己と働くこととの関係づけや価値づけの累積	文部科学省（2004）
一般に経歴、経験、発展さらには、関連した職務の連鎖等と表現され、時間的持続性ないし継続性をもった概念。職業能力はキャリアを積んだ結果として蓄積されたものであるのに対し、キャリアは職業経験を通して、職業能力を蓄積していく過程である	厚生労働省（2002）
あるヒトの生涯にわたる期間における、仕事関連の諸経験や諸活動と結びついた態度や行動における個人的に知覚された連続である	ホール（1976）

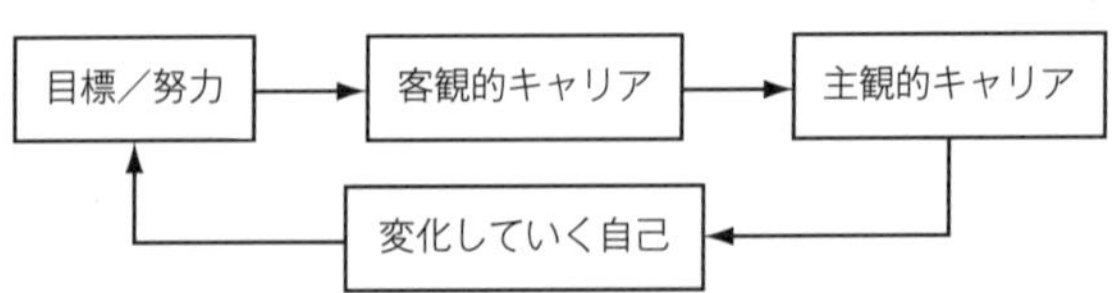

図２　客観的キャリアと主観的キャリアに関する理論モデル

出所：ホール、2002

つまり、就職、出世、現在の仕事などを指すことばではなく、働くことに関わる継続的プロセスと働くことにまつわる生き方そのもののことをいう。

ホール（二〇〇二）は、図2に示すように個人が自分のキャリアに対してどのように意味づけをしたり、価値、成功、満足を見出しているかという主観的キャリアと、経済的な豊かさや社会的地位など外からの評価や判断による客観的キャリアとに分け、客観的キャリアが主観的キャリアを生み、そのことが日々、変化していく自己へつながるととらえている。たとえば、ある仕事をして高収入を得て（客観的キャリアを生む）、そのことで自分は能力があるということに気づき（主観的キャリアを生む）、それが自信をもった自己へと展開していくととらえている。

このような「キャリア」の意味をふまえたうえで「キャリア教育」（career education）についてふれたい。わが国においてキャリア教育という語が唱えられたのは、文部科学省（二〇〇四）によるキャリア教育推進研究会議報告書に始まる。

キャリア教育とは、勤労観、職業観や知識・技能をはぐくむ教育のことをいう（文部科学省、二〇〇四）。キャリア教育について論じる場合、将来、どのような青年が期待されているのか、また、ヒトは「何のために」また「どのような価値観をもって」働くのかについて明らかにしていく必要がある。

このこととともに本章では、わが国とアメリカとのキャリア教育の相違点をあげ、将来のわが国のキャリア教育のあり方についてふれたい。

1　どのような青年が期待されているのか

わが国における各省では、キャリア教育に関して、将来、どのような青年がわが国に望ましいととらえているのであろうか。

表2は、文部科学省（二〇一一）のいう望まれる諸能力、表3は、厚生労働省（二〇〇四）のいう就職基礎能力、図3は、日本経済団体連合会（二〇〇四）のいう求められる能力を示したものである。表2から文部科学省は、自己理解・自己管理能力を、表3から厚生労働省は、職業人意識や資格取得を、また、図3から産業界は、国際的な交流ができる行動力を強調している特徴がある。また、各省の共通点として、コミュニケーション能力

表2　基礎的・汎用的能力の内容と具体的な要素

	内　容	具体的な要素（例）
人間関係形成・社会形成能力	多様な他者の考えや立場を理解し、相手の意見を聴いて自分の考えを正確に伝えることができるとともに、自分の置かれている状況を受け止め、役割を果たしつつ他者と協力・協働して社会に参画し、今後の社会を積極的に形成することができる力	他者の個性を理解する力、他者に働きかける力、コミュニケーション・スキル、チームワーク、リーダーシップなど
自己理解・自己管理能力	自分が「できること」「意義を感じること」「したいこと」について、社会との相互関係を保ちつつ、今後の自分自身の可能性をふくめた肯定的な理解にもとづき主体的に行動すると同時に、自らの思考や感情を律し、かつ、今後の成長のために進んで学ぼうとする力	自己の役割の理解、前向きに考える力、自己の動機づけ、忍耐力、ストレスマネジメント、主体的行動など
課題対応能力	仕事をする上でのさまざまな課題を発見・分析し、適切な計画を立ててその課題を処理し、解決することができる力	情報の理解・選択・処理等、本質の理解、原因の追究、課題発見、計画立案、実行力、評価・改善など
キャリアプランニング能力	「働くこと」を担う意義を理解し、自らが果たすべきさまざまな立場や役割との関連をふまえて「働くこと」を位置づけ、多様な生き方に関するさまざまな情報を適切に取捨選択・活用しながら、自ら主体的に判断してキャリアを形成していく力	学ぶこと・働くことの意義や役割の理解、多様性の理解、将来設計、選択、行動と改善など

出所：文部科学省、2011

表3　就職基礎能力を構成する5つの能力

能　力	要　素	内　容
コミュニケーション能力	意思疎通	自己主張と傾聴のバランスを取りながら効果的に意思疎通ができる
	協調性	双方の主張の調整を図り調和を図ることができる
	自己表現力	状況にあった訴求力のあるプレゼンテーションができる
職業人意識	責任感	社会の一員として役割の自覚をもっている
	向上心・探求心	働くことへの関心や意欲をもちながら進んで課題をみつけ、レベルアップをめざすことができる
	職業意識・勤労観	職業や勤労に対する広範な見方・考え方をもち、意欲や態度等で示すことができる
基礎学力	読み書き	職務遂行に必要な文書知識をもっている
	計算・数学的思考	職業遂行に必要な数学的な思考方法や知識をもっている
	社会人常識	社会人として必要な常識をもっている
ビジネスマナー	基本的なマナー	集団社会に必要な気持ちの良い受け答えやマナーの良い対応ができる
資格取得	情報技術関係の資格あるいは経理・財務関係の資格あるいは語学力関係の資格	

出所：厚生労働省、2004

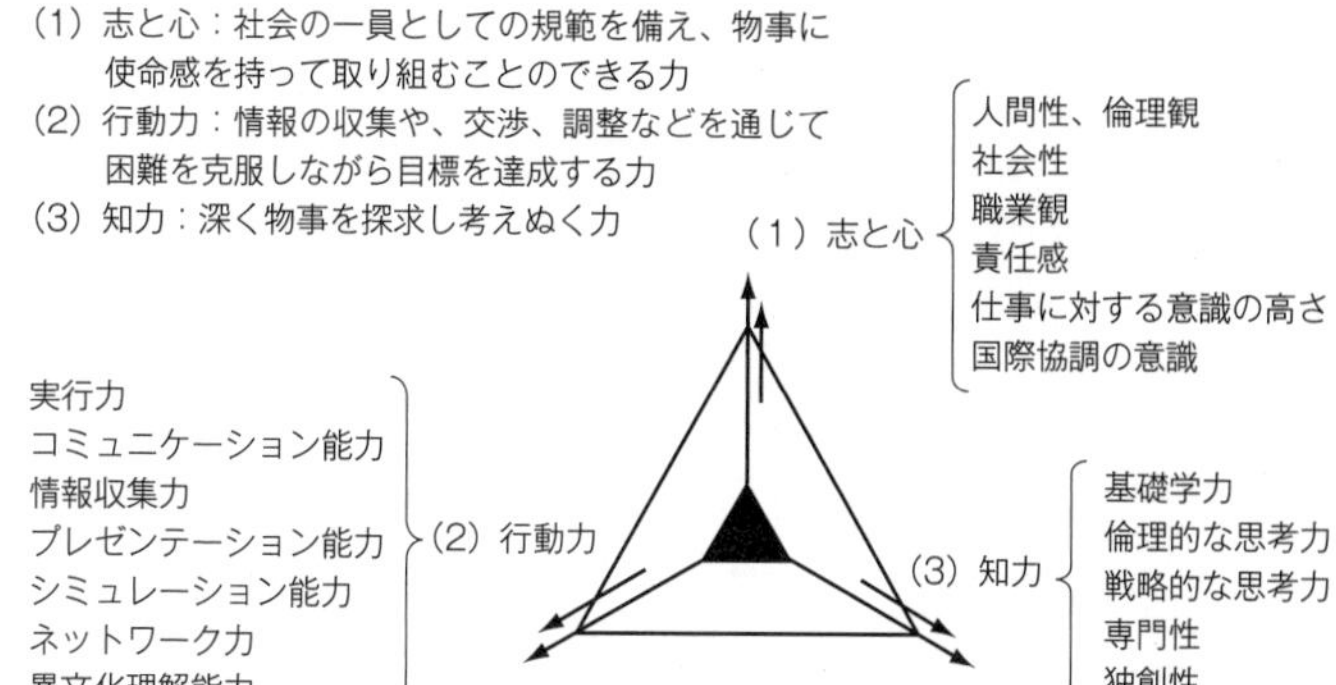

図3　産業界から求められる3つの力

出所：日本経済団体連合会、2004

を強調している点がわかる。従来、キャリア教育は厚生労働省や産業界が望む結果としてのキャリアが重視されていたが、今後は、文部科学省のいう児童期から青年期、そして成人・中年期、老年期までの生涯をかけてのプロセスとしてのキャリアが重視されることがわかる。

2　何のために働くのか

それでは、ヒトは、何のために働くのであろうか。江口・戸梶（二〇一〇）は、労働価値観（working value）を個人が職業生活の目的として重要であると考える要因と定義し、その測定尺度を作成し、表4に示す7つの要因を見出している。表4から、この7つの要因は、大学などの各学部・学科内容と照合できる。たとえば、「社会への貢献」は「福祉コ

表4　労働価値観についての7つの要因

(1)社会的評価
　多くの人に注目し、尊敬してもらうために働くこと
　自分の知識や技術について、他の人々からほめられるために働くこと
　高い地位と名声を得るために働くこと

(2)自己の成長
　自分自身の成長のために働くこと
　自分の能力を開発するために働くこと
　人間として成長するために働くこと

(3)社会への貢献
　社会のために働くこと
　社会の人々の役に立つ人間になるために働くこと
　世の中をもっとよくするために働くこと

(4)同僚への貢献
　同僚の役に立つために働くこと
　同僚を援助するために働くこと
　同僚の役に立つ人間になるために働くこと

(5)経済的報酬
　良い生活をするのに十分な賃金をかせぐために働くこと
　多くの収入を得るために働くこと
　人並みの生活ができるくらいの収入を得るために働くこと

(6)達成感
　「精一杯働いた」という感じをもつために働くこと
　自分のもっている力を「すべて出しきった」と思うために働くこと
　仕事において何かをやり遂げたという感じをもつために働くこと

(7)所属組織への貢献
　仕事を通して所属する組織へ貢献するために働くこと
　所属する組織に自分を捧げるために働くこと
　所属する組織のために力を尽くしていると実感するために働くこと

出所：江口・戸梶、2010

表5　職業選択の基準となる価値観

(1)仕事重視	達成感 仕事の内容 社会への奉仕や貢献 取り扱いや処遇の公平さ 学問と仕事の関連性 仕事の継続性（キャリアの一貫性）	仕事の成果や実績を反映した処遇の決め方 免許や資格取得の必要性・可能性 独立や自営の可能性 企業ブランド 賃金
(2)会社重視	企業の将来性　　雇用の安定性	企業規模
(3)環境重視	勤務地の限定 昼間勤務かつ交替制のない勤務 休日や休暇のとりやすさ 育児休業や介護休暇の制度化	職場の物理的化学的環境 職場の対人関係 福利厚生等の充実

出所：日本労働研究機構、2010

ース」に、「経済的報酬」は「経済・経営コース」に、「自己の成長」は、「体育・芸術コース」に照合できる。

また、仕事を選ぶとき、どのような基準で選んでいるのかについては、表5に示す職業選択の基準となる価値観がある（日本労働研究機構、二〇一〇）。

表4に示す労働価値観や表5に示す職業選択の基準があるものの、実際に児童期から成人になって就職していくまで、そして就職してからの職業観はどのように変化するのであろうか。表5から、ヒトは時間と空間の二つの観点で職業を選択していることがわかる。つまり、就職してからの自分、将来の自分という時間次元、そして就職先の環境内容と自分と就職先までの距離という空間次元をふまえて職業を選択している。とくに働きやすさ、やりがい、収入、働いている場の将来や家庭との関連をみて選択していることがわかる。

国立教育政策研究所（二〇一三）の小学六年生と中学

生を対象とした調査によれば、将来に夢があると答えた者は、小学六年生では七二・二％、中学生では四七・四％であることが報告されている。また、寺田（二〇一四）の高校生時から大学生時までの縦断的調査によれば、高校入学時に希望していた職業内容は、大学一年生時になれば大きく変化することが示されている。また、三川（一九九二）による高校生と大学生を対象とした調査によれば、職業選択の基準は性差が認められ、男子は昇進、経済、権威に価値を置いて職業を選び、女子は、人間的成長に価値を置いて職業を選びやすいことが示されている。また、総務省の国民を対象とした国勢調査（二〇〇四）の結果によれば、今の仕事は自分がやりたかった仕事であったと答えた者が三八％であり、そうではなかったと答えた者は三九％であったと報告されている。また、日本労働研究機構（二〇〇九）の就労者に対しての「生きがい」に関する調査結果では、仕事に「生きがい」をもつ者は二六・五％であり、これは趣味、家庭に関する「生きがい」に次いで第三位に位置づけられている。

このような調査結果から、小学生時は現実味のない大きな夢をもち、次第に自分の希望する職業は学年とともに変化していき、その内容は、自らのもつ価値観が影響してきて、実際に自分の希望通りの職業に就く者は三〜四割程度であり、その仕事に「生きがい」をもつことよりもむしろ趣味や家庭に「生きがい」をもつ者が多いというように現実がわかってくる。

3　わが国のキャリア教育の現状とアメリカのキャリア教育

日本語では、仕事（職業）という語の類語は少ないが、英語では、仕事という語は、一般的には「occupation」といい、目的をもって働くことを「work」、肉体労働を「labor」、営業を「business」、天職を「vocation」、専門職を「profession」というように多くの語がある。このことから国によって仕事の質を重視する視点が異なることがわかる。

キャリア教育の理想的目標と実際のキャリアの展開とのギャップは、日米のキャリア教育のあり方の相違点を明らかにすることによってわかる。また、わが国のキャリア教育において、何が問題なのかもわかってくると思われる。

わが国のキャリア教育の流れに即したその問題点は、一九五三年（昭和二八年）まで特別活動という教科のなかで「職業指導」というかたちで教師がその指導を実施していたが、その後から現在までは、中学・高校では各教科を担当する教師が片手間的に「進路指導」を行っている点がある。つまり、現在におけるそれは、専門家によるキャリアに関する研究によってうらづけられた体系的なキャリア教育ではない。とくに職業観（各職種の価値観や希望する職業について）と勤労観（仕事そのものに対する考え）との区分は不明瞭で、後述する表24に示すように職業観は価値観を含んでいることから、とくに価値観についてうるさくはないわが国ではキャリア教育は体系化しにくい点がある。

こうしたなかで、文部科学省は、アメリカにおける学校と企業との連携のあるキャリア教育の影響をうけて、二一世紀を迎え、職業観を啓発する「インターンシップ」の奨励、あるいは二〇〇八年（平成二〇年）からの「生きる力」を育てる教育とキャリア教育との関連を唱えるようになった。

しかし、実際には、現在の高校生や大学生は、人生で大切なこととして「職業・就職」をあげる者は約一割にすぎず、また、社会のために働くというよりも家族や個人の能力や専門性を高めるために働くと答える者が多い（寺田ら、二〇〇四）。このようなことをふまえると、現在の学校教育のなかに体系化されたキャリア教育の科目を多く設定したり、企業と学校との連携がとれたキャリア教育の充実が必要であることがわかる。

ここでアメリカのキャリア教育についてみていこう。表6は、日米のキャリア教育の相違点をまとめたものである。表6から、日本ではキャリア教育について学業成績をもとにした社会や人のためや、「自己実現（self realization）」につながる仕事の探求といったいわば観念的な内容を重視するのに比べて、アメリカでは、自己のもつ多面的、個人的な能力の発揮やそこで働いてどのくらいの収入が得られるのかを重視するという違いがある。こ

表6　日米のキャリア教育のあり方の相違点

国＼項目	キャリアについての重点	キャリア継続期間	学校でのキャリア教育担当者	キャリア教育の方法
日　本	・仕事内容が中心 ・自己実現が果たせる仕事かどうか ・人のためになる仕事かどうか ・学業成績を重視	・１つの勤務地に長く働く ・終身雇用 ・年功序列	・クラス担任 ・進路指導担当教師 ・大学では主に就職課	・ホームルームでの話し合い ・インターンシップ ・クラス担任の個別指導
アメリカ	・収入の程度 ・スキル、モチベーション、知識をもつこと	・自由に働き、比較的短期間で仕事を転々と変える ・実力主義 ・会社に頼らないで自己責任をもつ ・フラットな組織の会社が多い	・スクールカウンセラーが中心	・学校の授業でキャリア教育についての科目が多い ・インターンシップ ・スクールカウンセラーのコンピュータを用いた個別カウンセリング

注：わが国の場合、国家、企業、社会のシステム、方針、価値観に依拠し、アメリカの場合、個人の価値観、理想、自己変化に依拠していることがわかる。

のことから、日本は内向きで、アメリカは外向きでキャリアをみていることがわかる。

また、自己実現の意味についても、わが国では自己は固定したものとしてとらえるために職業も固定しやすく、自己実現が果たせる職業かどうかを重視しながらも常に現状に満足せず、新たな経験に自分を開いていく自己実現の本来の意味を見失いやすい。また、キャリアの継続期間にしてもわが国では生涯における固定したキャリアが前提としてあるために、一定の場所で長期間働く一方、アメリカでは社会の変化とともに自己も変化していくととらえ、働く期間は短期間で転職や職場での内部異動が多い。

学校教育においては、既述したように小学・中学・高校でわが国ではクラス担任や進路指導担当教師が多忙ななかで指導（ガイダンス）中心に担当しており、アメリカではカウンセリング心理学（counseling psychology）やキャリアカウンセリング（career counseling）を学んだ専任のスクールカウンセラー（school counselor）がキャリア教育を担当しているという違いがある。

キャリア教育の方法もわが国では教科として扱いはじめたのは最近であり、インターンシップの実践は、公立高校普通科では約七四％、大学では五〇％以上で始められるようになった（国立教育政策研究所、二〇一三）。しかし、企業のほうは学校の生徒や学生のインターンシップ採用については受身的な姿勢が示されており（日本商工会議所、二〇一三）、一方、アメリカでは、企業と学校との教育上の連携が円滑であるという違いもある。

また、アメリカでは中学・高校・大学ではインターネットによるキャリアカウンセリングが展開され、ウェブカウンセリング（webcounseling）という語が普及している。わが国でも下村（二〇〇七）が、中学生に対するコンピュータによるキャリアガイダンスの効果を研究しており、自律性や自発性のある中学生の場合、まず、自分を知ってその後に職業情報を得るという手順がよい効果をまねくことを明らかにしている。インターネットの使用やスマートフォンの普及の影響から、今後、わが国でもキャリアに関するウェブカウンセリングは展開していくであろう。職業能力評価基準のデータは、中央職業能力開発協会のホームページから無料でダウンロードできる（https://www.hyouka.javada.or.jp/user/index.html）。しかし、サンプソン（一九九九）などは、コンピュータを介したキャリアカウンセリングは、①秘密の保持が難しく、②妥当性のないアセスメントになりやすい、③本当に必要なときに支援が得にくい、④カウンセラーのコンピュータへの依存が生じやすい、⑤インターネットへのアクセスの限界などの問題があることを指摘している。

このようにわが国のキャリア教育は、年々、アメリカのキャリア教育のあり方を取り入れ、それに近づいてはいるものの、依然として高校から大学へ移行する際のキャリア教育の壁と大学から企業へと移行する際のキャリア教育の壁があるように思われる。

第2章　これまでのキャリアカウンセリングと諸理論

1　キャリアカウンセリングとは

キャリアカウンセリングの歴史は、アメリカにおけるカウンセリング心理学会の設立に始まる。この学会は、ロジャース（一九四二）がクライエント中心カウンセリング（client centered counseling, non-directive counseling ともいう）を唱え、スーパー（一九五一）がこの方法を職業心理学（vocational psychology）に適用したことを契機に設立されている。

ではカウンセリングとはどのようなもので、カウンセラーとはどうあるべきものであろうか。表7は、ハー（一九七八）によるカウンセリングの定義である。表7から、わが国

表７　カウンセリングの定義

⑴言語的過程であり
⑵その過程でカウンセラー（counselor）とクライエント（client）は力動的に相互作用し、
⑶カウンセラーはさまざまな種類の活動を通して
⑷自分の行動に責任をもつクライエントが自己理解を深め、意味のある意思決定をして、それを行動に移していくように援助すること

注：クライエント自らが解決していくことがポイントとなるが、わが国の場合、カウンセリングをカウンセラー主導的な解決であると理解されている。
出所：ハー、1978

表８　カウンセラーの態度

態　度	説　明
⑴無条件の積極的関心	クライエントのここが良いが、この点が悪いというような条件つきの理解ではなく、クライエントのすべての側面をクライエントの一部として理解していく態度
⑵共感的理解	クライエントの心の世界をあたかも自分自身であるかのように感じとること
⑶純粋性	カウンセラーが、今、ここで、クライエントから感じとったものをありのままに（純粋に）フィードバックしていく態度

注：クライエントの感情をくみとり、それをフィードバックできる態度が中心となる。
出所：ロジャース、1957

で日常的に用いられている「カウンセリング」という語とは異なり、問題の解決はクライエント自身が行い、カウンセラーの助言がカウンセリングではないことがわかる。

また、表8はロジャース（一九五七）が実証したクライエントのパーソナリティ（personality）を変化させるカウンセラーの態度を示したものである。表8から、とくにカウンセラーの共感能力が必要であることやクライエントのもつさま

ざまな価値観にとらわれず、カウンセラーは、まずはクライエントの感情を共感する態度が必要であることがわかる。

これをもとに表9は、クライエント中心カウンセリングを行う基本的技法を示したものである。表9から、カウンセラーはクライエントの気持ちを受容し、表現したポイントをくり返し、自らを気づかせ、考えや感情を整理させていくことが必要であることがわかる。

このようなロジャースのいうクライエント中心カウンセリングの基本姿勢をふまえたうえでキャリアカウンセリングとはどのようなものかについてふれた。キャリアカウンセリングとは、「個人が適切なキャリア決定をできるように援助することに焦点を当てた対人関係の過程」と定義されている（クライツ、一九八一）。

この定義にもとづくキャリアカウンセラーの職務は、宮城（二〇〇二）によれば、①キャリア理論の知識、②キャリアカウンセリングのスキル、③メンタルヘルスの知識、④労働市場情報の理解、⑤経営・人事制度、労務管理、能力開発の知識などをもつことをあげている。このようなキャリアカウンセラーの職務内容の広さから、キャリアカウンセリングを行う者は、「産業カウンセラー」「精神科医」「臨床心理士」「キャリアコンサルタント」のどの職業の者でも適する。

わが国では、産業領域における援助活動に関連する資格として「産業カウンセラー」

表9　クライエント中心カウンセリングの基本的技法

<table>
<tr><th>対　応</th><th>ねらい</th><th>区　分</th><th>発　言　例</th></tr>
<tr><td rowspan="6">受
容</td><td rowspan="6">クライエントの発言に対し、一定の規準による評価的選択的認知を行わず、好意的な感情をもって受け入れ、理解しようとする</td><td>単純な受　容</td><td>ク「あの先生の授業は、さっぱりわかりません」
カ「そうですか」</td></tr>
<tr><td colspan="2">ク「父も母も私のことをわかってくれやしない。成績も悪いし、学校もおもしろくない。進学しろというけど無理な気がする。就職してもちゃんとはやれない気がする。学校も行きたくないし、この頃は、毎日、家出しようかと考えている」</td></tr>
<tr><td colspan="2">浅　い　受　容</td></tr>
<tr><td colspan="2">カ「そうですか。お父さんもお母さんも君の気持ちをわかってくれないんですね」</td></tr>
<tr><td colspan="2">深　い　受　容</td></tr>
<tr><td colspan="2">カ「うーん、両親も誰も君の本当の気持ちをわかってくれなくて、逃げ出したい気持ちなんですね」</td></tr>
<tr><td rowspan="2">くり返し</td><td rowspan="2">クライエントの発言をそのままもう一度くり返して、自己のあり方や考え方を深めさせる</td><td>事実のくり返し</td><td>ク「そして私は理由もなく泣いてしまうんです。私は、急に泣きたくなり、それを止めることができなくなります」
カ「君は、わけもなく泣き出してしまい、それを止めることができなくなるんですね」</td></tr>
<tr><td>感情の反　射</td><td>ク「その人と別れることを考えると悲しみや自分のみじめさが生じてきて…」
カ「悲しみやみじめな気持ちが生じたの」</td></tr>
<tr><td rowspan="7">明
確
化</td><td rowspan="7">クライエントの混乱したり、葛藤したりしている感情や思考を整理・分類して、それらを明確で正確なものにしていく</td><td>事実の明確化</td><td>ク「そういうと父は怒り、口もきいてくれなくなり、母はあわてて、私にいちいちいってくる」
カ「お父さんは怒って、お母さんはあわてるんですね」</td></tr>
<tr><td>考え方の明確化</td><td>ク「私には決心がつかない原因があるんです。それをはっきりさせようとするんですが、どうもはっきりしないんです。私は、一体何を望んでいるのかを考えてもはっきりしないんです。私は、それがいやなんです」
カ「君は、自分の希望していることが何かはっきりしないんですね。そのはっきりしないことがいやなんですね」</td></tr>
<tr><td colspan="2">ク「私は、他人といっしょにいても少しも楽しくありませんでした。私は、ひとりだけでとり残されているような気持ちになってしまい、勉強ばかりしていました。苦しみを忘れるために勉強をしました」</td></tr>
<tr><td colspan="2">浅いレベルの感情の明確化</td></tr>
<tr><td colspan="2">カ「君は、他人といっしょにいることが苦痛で現実逃避として勉強をしていたんですね」</td></tr>
<tr><td colspan="2">深いレベルの感情の明確化</td></tr>
<tr><td colspan="2">カ「君は、他人といたらのけものにされるような気持ちに耐えかねて、その苦しみを紛らすために勉強をしていたんですね」</td></tr>
</table>

注：「カ」はカウンセラーの発言例を、「ク」はクライエントの発言例を示す。
出所：長尾、2001

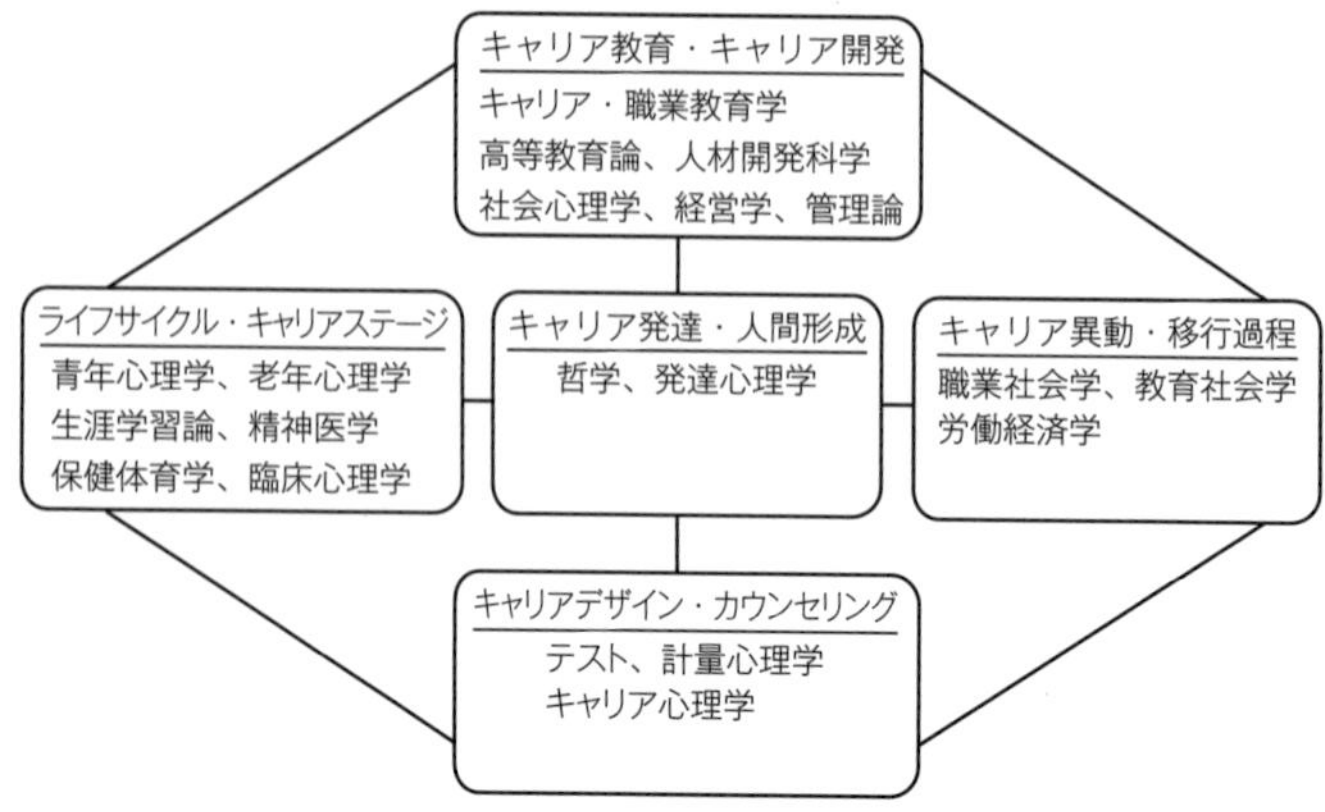

図４　キャリアに関する関連学問領域

注：「キャリア心理学」（career psychology）とは、本書の図５に示すキャリアに関する理論を構築し、その実践は主にロジャースのクライエント中心カウンセリングを行う学問をいう。

「職業教育学」は、主にわが国では日本産業教育学会が中心となり、特定の職業の知識や能力、実践力を育てることを研究する学問であり、「キャリア教育」は、ヒトが生涯をかけて社会的、職業的能力を身につけることを研究する学問をいう。

「職業社会学」（occupational sociology）とは、社会的な地位や社会的な役割という視点から職業について研究する学問でデュルケームやウェーバーなど著名な研究者が多い。

出所：寺田、2014を修正

（日本産業カウンセラー協会）、「ＣＥＡＰ」（ＥＡＰコンサルティング普及協会）、「キャリアコンサルティング技能士」（キャリアコンサルティング協議会）、「臨床心理士」（日本臨床心理士資格認定協会）などがあり、とくに昨今では、厚生労働省が認定するキャリアコンサルタント資格は、約７万人もの者が取得しているといわれている。しかし、正規社員として専任で働くキャリアコンサルタントは、資格取得者のわずか一四・五％でしかない（厚生労働省：キャリアコンサルタントの活動状況の全国調査、二〇一二）。また、産業領域で活動する臨床心理士は少なく、医療、教育、司法など広い分野のうち、産業領域に携わっているのはわずか二・二％の臨床心理士であるという（日本臨床心理士会、二〇〇九）。

一方、「キャリア」に関する学問としては、図4に示すように大きく分けて心理学、教育学、社会学にまたがり、学会としては、従来の「日本進路指導学会」が昨今、「日本キャリア教育学会」に名称が変更されたところである。このことから、わが国ではキャリア教育やキャリアカウンセリングは、まだはじまったばかりであるといえる。

2　これまでのキャリアカウンセリング

キャリアカウンセリングは、どのように展開してきたのであろうか。表10は、これまでのアメリカとわが国のキャリアカウンセリングの歴史の概要を示したものである。

表10にもとづいてキャリアカウンセリングの歴史を概観すると、わが国のキャリアカウンセリングの歴史は、アメリカよりも産業カウンセリングの歴史は古いものの、戦前から一九八〇年代のバブル崩壊までは職業指導が中心であり、とくに高校では学業成績の偏差

表 10　わが国とアメリカのキャリアカウンセリングの歴史の概要

年	日　本	年	アメリカ
1917(大正６)年	「職業指導」という語が登場する		パーソンズの職業指導(心理テスト中心)
		1939年	ウィリアムソンの指示的カウンセリングが普及
		1940年	企業でEAPが始まる
		1951年	スーパーが「職業」を「キャリア」という語に変える
		1951年	カウンセリング心理学会発足
1953(昭和28)年	日本職業指導学会発足		
1958(昭和33)年	日本産業カウンセラー制度の設置	1960年代	ロジャースのクライエント中心カウンセリングが普及 ホランドの職業とパーソナリティの関係が注目される
1978(昭和53)年	日本進路指導学会発足	1970年～1980年代	シャインの「キャリアアンカー」「キャリアサイクル」という語が注目される ホールの「プロティアンキャリア」という語が注目される
1982(昭和57)年	日本心理臨床学会発足		
1980年代後半(昭和50年代)	バブル崩壊、フリーターやニートがふえ、実業高校入学者が減る		
1988(昭和63)年	日本臨床心理士資格認定協会の創設		
		1990年代	サビカスの「キャリアアダプタビリティ」という語が注目される
1993(平成５)年	日本産業カウンセラー資格認定(厚生労働省)		
2000(平成12)年	厚生労働省が「キャリアコンサルティング」という語を用いる 非正規採用者がふえる		
2004(平成16)年	日本キャリア教育学会発足		
2004(平成16)年	文部科学省が「キャリア教育」という語を用いる		
		2008年	リーマンショック
		2010年代	インターネットサイトによる「キャリア」教育が普及

値による進路や職業のふり分けが中心であった。また、とくに一九七〇年（昭和四五年）代から一九八〇年（昭和五五年）代にかけては、エリクソンのアイデンティティ論が注目され、その社会を軸にして自分は何者であり、何になりたいのかが重視された。この当時は、スタティックな社会に自分を当てはめるという職業観が強かった。

ところが、一九八〇年代後半に入り、バブル崩壊の影響をうけてフリーターやニートの増加がみられた。同時にアメリカからのキャリア教育やキャリアカウンセリングの影響をうけて、文部科学省や厚生労働省は、学校でのキャリア教育や企業でのキャリアコンサルテーションを推進しはじめた。

一方、アメリカのキャリアカウンセリングの歴史は、戦前からわが国と同様に職業指導から始まり、とくにパーソンズは心理テストを用いて職業指導を行った。アメリカのキャリアカウンセリングの歴史は、カウンセリングの歴史そのものである。アメリカではカウンセリング心理学がキャリアカウンセリングの基盤となっているが、わが国では一九八八年（昭和六三年）に臨床心理士の資格がその学会によって認められ、臨床心理学（clinical psychology）がキャリアカウンセリングの基盤となっているという違いがある。

一九三九年にはウィリアムソンの指示的カウンセリング（directive counseling）が紹介されたが、この方法は広くは普及されず、一九五一年には、スーパーが初めて「職業」という語を「キャリア」という語に改め、同時期にカウンセリング心理学会が発足し、キャリアカウンセリングが展開しはじめた。

アメリカでは、一九七〇年代まではわが国と同様にスタティックな社会に自分を探求してそれを当てはめるキャリアカウンセリングが強調され、とくにロジャースによるクライエント中心カウンセリングが注目された。ロジャースによるカウンセリングの方法は現在でもわが国における産業カウンセラー養成に大きな影響を与えている。

その後の一九七〇年代以降のアメリカ社会はベトナム戦争を契機に激しく変動し、それまであったキャリアカウンセリングは、「指導」（ガイダンス：guidance）なのかクライエント中心の「カウンセリング」なのかの論争は静まって、激しく変動する社会に変幻自在に適応（順応：adaptation）していくキャリアカウンセリングが強調されはじめた。たとえば、組織心理学者（organizational psychologist）であるシャインのいうキャリアアンカー（career anchors）、ホールのいうプロティアンキャリア（protean career）、サビカスのいうキャリアアダプタビリティ（career adaptability）などの語の提唱がこのことを特徴づけている。このようなそれぞれの語句については後述する。また、ハンセンは、ジェンダー論とともに共通の善（common good）のために個々の才能を発揮させ人生や仕事を統合する枠組みであるＩＬＰ（Integrative Life Planning：統合的生涯設計）を唱えている。

3　キャリアカウンセリングの理論

アメリカにおけるキャリア理論の主なものをまとめると、図5に示す通りである（それぞれの語句については、本書の用語解説を参照のこと）。わが国では、図5に示すような理論にもとづいてキャリアカウンセリングを行っている例は少なく、理論よりもむしろ経験中心、過程よりも結果中心である。また、いまだアカデミックな基盤もなく、ロジャースのクライエント中心カウンセリングか、あるいは教育指導、職業指導上のガイダンスを行っている現状である。

キャリアカウンセリングの創始者であるスーパーは、①自己概念（self concept）の発達、②職業適合性（vocational fitness）、③ライフスペース（life space）とライフスパン（life span）の発達の三つの概念で理論を構成している。自己概念とは、主観的な自己と客観的な自己とからなり、客観的な自己は青年期に成熟（maturation）するという。職業適合性は、図6に示すような概念で構成されている。また、彼は、キャリア発達を時間の視点でとらえたライフスパンと役割の視点でとらえたライフスペースとの二点からみている。このようなスーパーの理論は、図5に示すように「個人の特性を活かしたキャリア」の考え

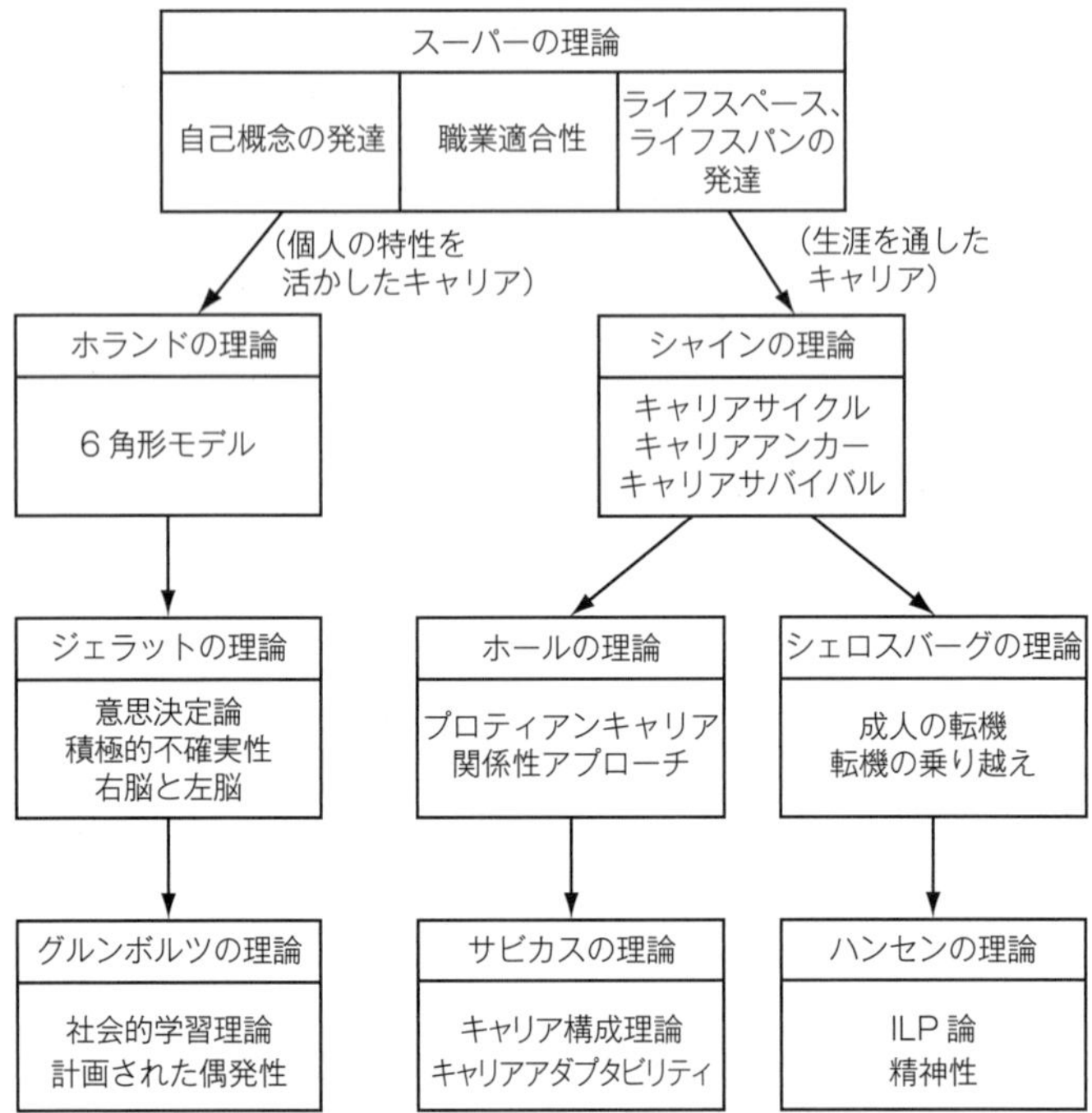

図5　アメリカにおけるキャリア理論の展開

方と「生涯を通したキャリア」の考え方とに二分される。とくに前者の立場のホランド（一九八五）は、「6角形モデル」という図7に示すように、パーソナリティを六種類に分類し、職業の選択は、六つのパーソナリティの表現の一つであるととらえている。つまり、どのような職業を選ぶかは各人のパーソナリティ特性によるといえる。表11は、六つのパーソナリティの特徴を示したものである。表11から、ホランドの理論

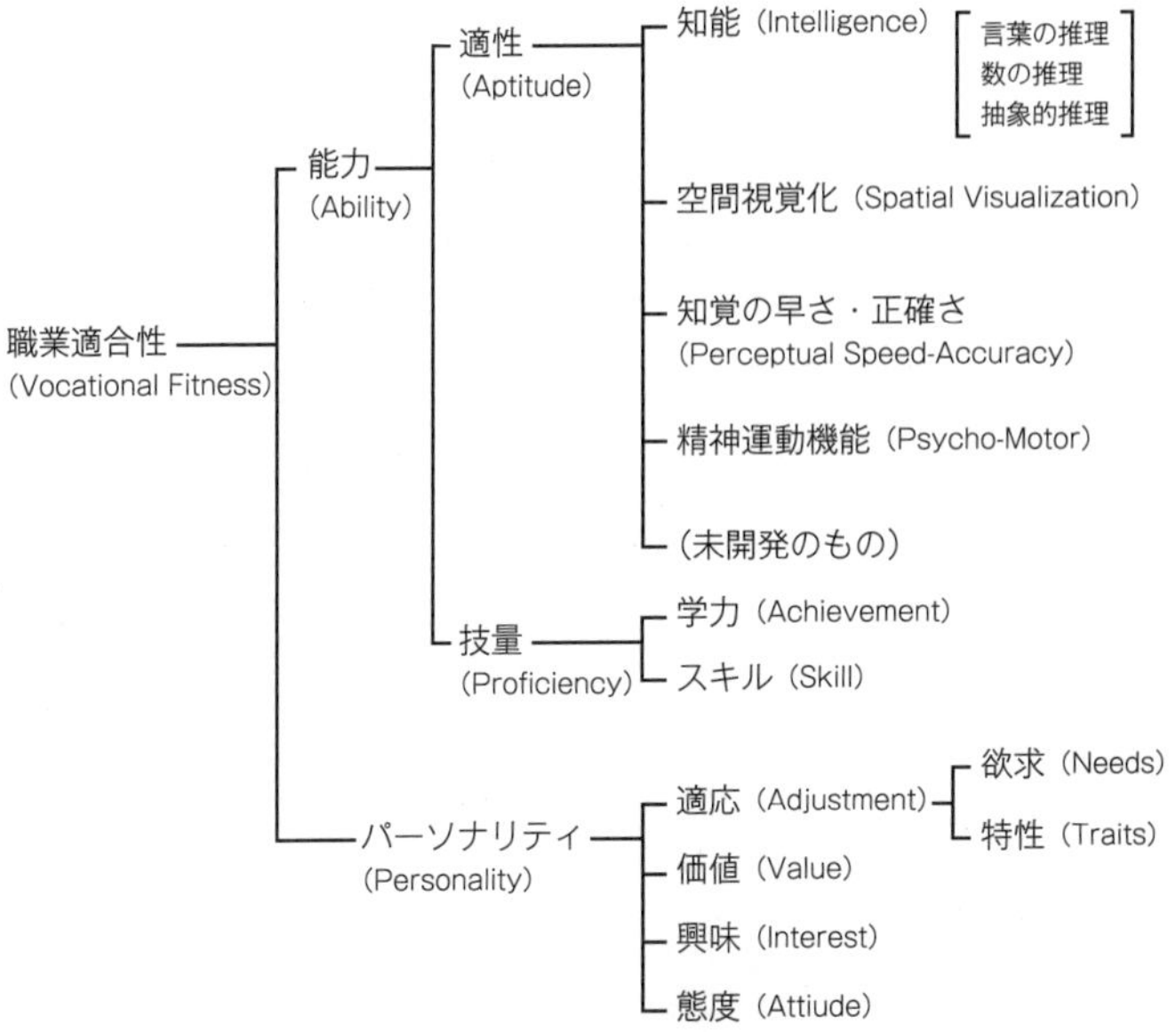

図6　職業適合性の構成概念

注：流動的社会では、「能力」を、また、安定した社会では「パーソナリティ」を職業適合性としてとらえやすい。
出所：スーパー、1969

は、パーソナリティとともに表4に示した労働価値観とも関連していることがわかる。

また、ジェラット（一九八九）は、職業の意思決定過程の研究を行い、ヒトは職業を決定する際、左脳で理性的に判断しながら、右脳で直感的に判断することを強調した。また、彼は、積極的不確実性（positive uncertainty）という語を唱えて、一般にヒトは、未来を想像し発明していくものととらえ、合理的なストラ

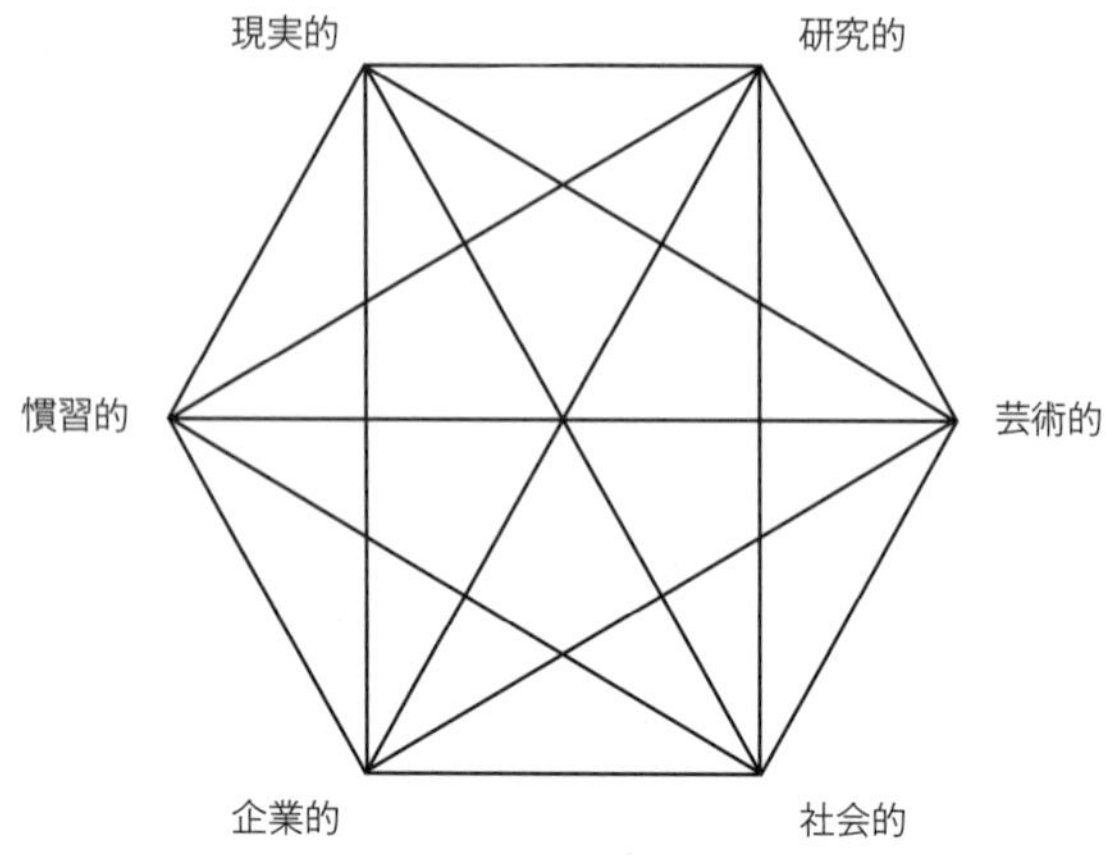

図7　6角形モデル

注：実際は、図の通り、単一ではなく各特性の組み合わせが多い。
出所：ホランド、1985

テジーだけでなく、主観的、直感的なストラテジーを強調し、なるべく最終的決定を行わず、いつも夢をもって探索的決定をしていくことを唱えている。

また、クルンボルツら（二〇〇四）は、キャリア発達は、絶え間のない学習過程ととらえ、とくにバンデューラ（一九七一）のいう他者を介した観察学習（modeling）を強調し、その過程での自己効力感（self efficacy）の程度を重視している。また、計画された偶発性（planned happenstance）という語をあげて、未決定であること、オープンマインドであることは絶え間のない学習を続けさせ、新しい他者との出会いや突然の情報など予期せぬ出来事がキャリアのよい機会に結びつくと唱えている。表12は、計画された偶発性をつくり

表 11　６つのパーソナリティの特徴

パーソナリティのタイプ	特　徴
現実的	物、道具、機械などを扱うこと、明確で秩序的、組織的な操作を伴う活動を好む。手先が器用であり、組立、修理に関わる職業を好み、手作業、機械作業、農作業、電気関係、技術関係の仕事に向くタイプ
研究的	数学、物理、生物学などに興味・関心があり、事象の観察、言語的記述、定型的研究、創造的研究などの活動を好む。物事を分析し、自分の意見を明確にもち、表現する。科学や医学などの分野の職業を好む
芸術的	創造的で慣習にとらわれず、繊細で感受性が強く、独創的で発想が豊かで自由である。創造的な才能を活かせる職業を好み、言語、音楽、美術、演劇などに関係する能力を有している
社会的	社会的活動、対人関係を大切にし、友好的、人を教育する、援助する、伝えることなどに関係する活動を好む。コミュニケーション能力に優れている。教育関係の仕事、カウンセリング、看護、保育などの職業を好む
企業的	リーダーシップをとって人を導くこと、組織目標の達成、経済的利益を目的とした活動を好む。外向的、精力的で目標に向けて野心的である。リーダーシップ、説得力など人と仕事をする場合に必要とされるスキルを伸ばす。人の管理、ものの販売、営業などに関係する職業を好む
慣習的	データなどの情報を、具体的、秩序的、体系的にまとめ、整理する活動を好む。責任感があり、緻密。データ処理・管理、ファイリング、情報処理機器の操作などを行う仕事を好む

注：わが国では、上記のタイプは学歴が左右することもある。
出所：ホランド、1985

表 12　計画された偶発性をつくり出す行動

⑴悩みを他者に相談する	○新しい人と交流をつくる ○キャリアカウンセリングをうける
⑵キャリアについて関心をもち続ける	○読書 ○インターネットをみる ○資格修得
⑶新しいことに挑戦する	○趣味、スポーツ、ボランティアを行う
⑷グループに参加する	○さまざまなクラブ、グループと関わる
⑸考えを前向きにする	○何事にもベストをつくす ○いつも今日から始まるととらえる

注：⑵の場合は、キャリア教育と関係する。
出所：クルンボルツとレビィン、2004

出す行動を示したものである。ここから、人生に対しての積極性や前向きな行動と態度が、計画された偶発性を生むことがわかる。つまり、受動的であればキャリアに関して何も生じないことを強調している。

一方、後者の「生涯を通したキャリア」の考え方は、シャイン（一九七八）が人生を「生物学的・社会的なもの」「家族」「仕事＝キャリア」の三つのサイクルでとらえ、キャリアサイクル（career cycle）を職層、職能、組織的メンバーシップの外的キャリアと、個人がキャリアにおいて主観的に経験する内的キャリアとに分け、とくに仕事上で「～が得意」「～にやる気がある」「～に価値を置いている」という自分自身の認識をキャリアアンカー（career anchors）と名づけて表13に示すようにキャリアアンカーを八つに分類している。また、彼は、このキャリアアンカーを現実に実現していくことをキャリアサバイバル（career survival）と

表13　８つのキャリアアンカー

キャリアアンカー	特　徴
(1)専門・職能別コンピテンス	・ある特定の領域で能力を発揮し、専門家であることを自覚して満足感を覚える ・才能を活かせる仕事を好む
(2)全般管理コンピテンス	・組織で責任のある地位につき、組織全体の方向性を決定し、自分の努力によって組織の成果を左右したいという願望をもつ ・重い責任のある仕事、皆をまとめるような統合的な仕事を好む
(3)自律・独立	・どのような仕事に従事しているときでも、自分のやり方、自分のペース、自分の納得する仕事の基準を優先する ・きめ細かく管理されることには耐えられない
(4)保障・安定	・安全で確実と考えられ、将来の出来事を予測することができ、しかもうまくいっていると知りつつゆったりとした気持ちで仕事ができることを望む ・外発的動機づけにこだわる
(5)起業家的創造性	・新しい製品やサービスを開発したり、財務上の工夫で新しい組織をつくったり、新しい事業を起こしたりする欲求をもつ ・創造する強い欲求に駆り立てられており、常に新しい創造に挑戦し続けることを望んでいる
(6)奉仕・社会貢献	・何らかのかたちで世の中を良くしたいという欲求にもとづいてキャリアを選択する ・自分の属している組織や社会における政策に対して、自分の価値観に合う方向で影響を与えることが可能な仕事を望む
(7)純粋な挑戦	・不可能と思えるような障害を克服すること、解決不可能と思われていた問題を解決すること、極めて手強い競争相手に勝つことに成功を感じる ・競争の機会がないところでは士気を低下させる
(8)ライフスタイル	・個人のニーズ、家族のニーズ、キャリアのニーズをうまく統合した生活様式全体の調和を望む ・自分の時間の都合に合わせた働き方が選択できる条件を組織に求める

注：表14のプロティアンキャリアのとらえ方では、表13の(3)、(6)、(7)が重要となる。

出所：シャイン、1978

名づけている。「アンカー」とは、頼みになるものや支えを意味し、表13から仕事をするうえや職業を選択するうえで自分のもつ「とりえ」を活かす内容がキャリアアンカーであることがわかる。このキャリアアンカーの内容は、人生の流れとともに変化し、展開していくとシャイン（一九七八）はとらえている。

また、ホール（一九七六）は、他者との関係のなかで互いに学び合うことでキャリアは形成されるという関係性アプローチ（relational approach）を唱えている。彼は、エリクソン（一九五〇）のいうそれまでの人生をまとめて決定していくアイデンティティ論とは異なり、プロティアンキャリア（protean career）という、キャリアは組織や社会によって形成されるものではなく、その人の欲求に見合うようにそのつどキャリアを方向転換していくという見解に立っている。表14は、伝統的キャリアとプロティアンキャリアの違いを示したものである。わが国の現在のキャリア教育は、表14に示す伝統的キャリアにもとづいている部分があるが、今後は、社会や国際状況の激しい変化によっていっそう表14に示すプロティアンキャリアへと展開していくであろう。

また、サビカス（二〇〇五）は、スーパーの理論と社会構成主義（social constructionism）、つまり客観的キャリアというものは存在せず、個人は、自らのキャリアを他者に語ることを通じて、「物語的真実」から主観的なキャリアを構築していくというとらえ方を

表 14　伝統的キャリアとプロティアンキャリアの比較

項　目	プロティアンキャリア	伝統的キャリア
主体者 核となる価値観 移動の程度	個人 自由、成長 高い	組織 昇進、権力 低い
重要なパフォーマンスの側面 重要な態度の側面	心理的成功 仕事満足感 専門的コミットメント 自分を尊敬できるか （＝自尊心）	地位、給料 組織コミットメント この組織から自分は尊敬されているか （＝他者からの尊敬）
重要なアイデンティティの側面	自分は何がしたいのか （＝自己への気づき）	私は何をすべきか （＝組織における気づき）
重要なアダプタビリティの側面	仕事関連の柔軟性 現在のコンピテンシー （測度：市場価値）	組織関連の柔軟性 （測度：組織で生き残ることができるか）

注：プロティアンキャリアのとらえ方の前提として個人も社会も常に変動するということがあげられる。
出所：ホール、2002

基盤にしてキャリア構築理論（career construction theory）を唱えている。この理論の中核概念は、キャリアアダプタビリティ（career adaptability）という用語を唱えている点にある。この語には、成人期以降はキャリア成熟に求められる計画的態度や意思決定能力を応用し、新たな職業選択や職業適応をするという意味がある。図8は、キャリアアダプタビリティの四つの要因を示したものである。図8より、青年期から成人・中年期にかけての内省力（introspection）の高まりによって、キャリアに関して自分はどのようにとらえ、どのように行動していくかの調

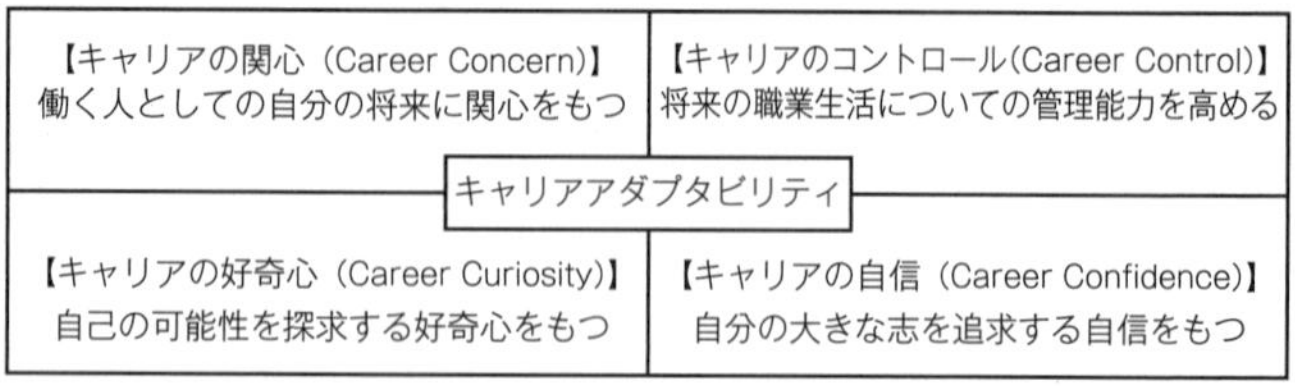

【キャリアの関心（Career Concern)】 働く人としての自分の将来に関心をもつ	【キャリアのコントロール(Career Control)】 将来の職業生活についての管理能力を高める
キャリアアダプタビリティ	
【キャリアの好奇心（Career Curiosity)】 自己の可能性を探求する好奇心をもつ	【キャリアの自信（Career Confidence)】 自分の大きな志を追求する自信をもつ

図８　キャリアアダプタビリティの４要因

注：キャリアアダプタビリティには、自己内省力が重要である。
出所：サビカス、2005

整力（adaptability）を身につけていくことがとらえられる。

成人期以降の人生上の出来事としてシュロスバーグ（一九八九）は転機（transition）という語をあげ、この転機を乗り越える資源として、①状況、②自己、③支援、④戦略をあげている。図9は、転機の際の四つのチェックを示したものである。転機という語は、プラス面、成長的な内容を含み、次に進む機会という意味があるが、一方、危機（crisis）という語は、マイナス面、危険をはらんだ内容を含み、左か右かの方向に迫られた意味がある。図9のシュロスバーグ（一九八九）のいう転機において、ヒトは自分と自分の置かれた状況を正しく把握し、周囲の支えを活かし、前向きにどのように対応したらよいかを判断していくことがわかる。

図7に示すホランドによるパーソナリティが職業を決定するという見解を除いたすべての理論は、とくに成人期以降、激しく変動する社会に自己を適合させていく内容が展開されている。アーサーら（二〇〇〇）は、職務、組織、仕事と家庭、産業の

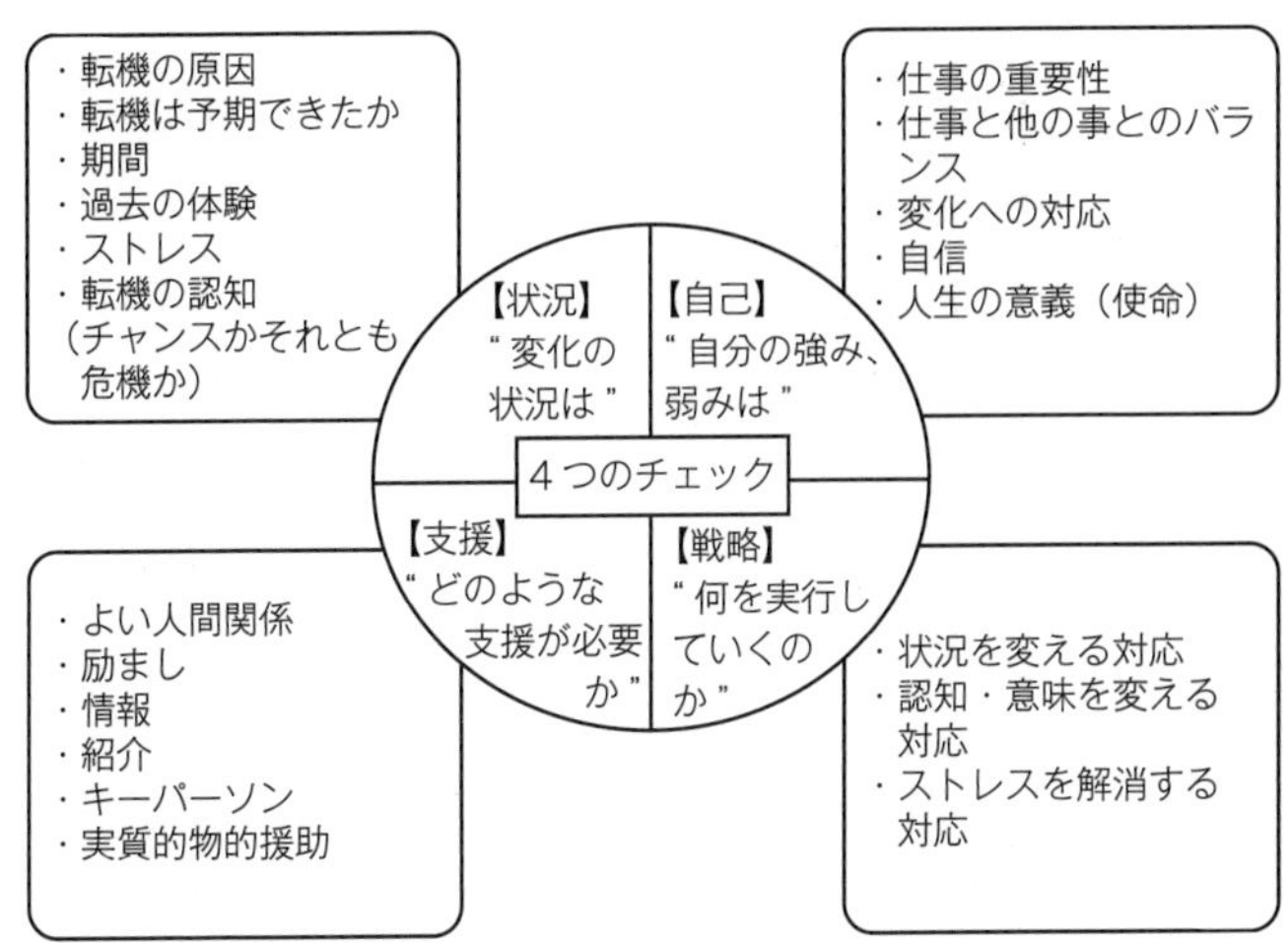

図9　転機の際の4つのチェック

注：図11のストレス反応過程とも関係している。
出所：シュロスバーグ、1989

壁を越えて動くキャリアをバウンダリーレスキャリア（boundaryless career）と呼んでいる。このバウンダリーレスキャリアの考え方からさらに展開した見解が、ハンセン（二〇〇一）のキャリア内容の質を問う統合的生涯設計論（ILP theory）である。彼女は、この理論のなかでジェンダー論を唱え、人々の共通の善（common good）とは何かを問い、また、人生や仕事における精神性（spirituality）を重視している。

第3章　雇用の現状と青年の心の問題

1　雇用の現状

正規雇用とは、雇用される会社と期間の定めのない雇用契約の雇用形態をいい、非正規雇用とは、期間を定めた雇用契約の雇用形態をいう。後者の非正規雇用のうち、派遣会社と雇用契約を結んだり、その会社に派遣していく会社と雇用契約を結んでもらう雇用形態を派遣雇用という。また、一般にパートタイマーとは、正規雇用ではなく、労働時間が短く、主に女性が働く形態をいい、アルバイトとは、主に、本業のある者が正規雇用ではなく働く労働時間の短い雇用形態をいう。

昨今、青年の雇用率は次第に高まってはいるものの（内閣府、二〇一六）、非正規雇用の従事者は全国で約一九五六万人もいるといわれている（総務省、二〇一四）。

非正規雇用者の内訳は、女性のほうが男性よりも多く（全雇用者の五三・九％）、とくに三〇代の者に多く、男性のほうは（全雇用者の一九・四％）、二〇代の者と六〇代の者に多いという（総務省、二〇一三）。非正規雇用の理由として男性は、「正規雇用がないから」、女性は、「家計の支えとして働きたいから」が多い（総務省、二〇一三）。

非正規雇用者の増加は、経済上の不況を反映し、一九九〇年代のバブル崩壊から始まっている。非正規雇用率は、一九九〇（平成二）年では二〇％を超え、それは次第に高まり、二〇一三（平成二五）年には三六・七％にも及んでいる（総務省、二〇一四）。青年期を中心にみていくと一五歳から二四歳までの非正規雇用率は三二・三％、二五歳から三四歳までの非正規雇用率は二七・四％である（内閣府、二〇一四）。

厚生労働省（二〇一五）は、非正規雇用が増えた原因について、減少した農家や自営業者、家族従事者の新たな働き方の受け皿になったことをあげている。

青年期の非正規雇用者数は、このような統計上の数値をみていくとけっして少ないとはいえないことがわかる。では高齢者の雇用の現状は、どうであろうか。

内閣府の二〇一六（平成二八）年度の調査では、六〇歳以上の高齢者の約七一・九％が就労を希望しており、実際の就業状況は、男性の場合、六〇～六四歳で七二・七％、六五～六九歳で四九・〇％、女性の場合、六〇～六四歳で四七・三％、六五～六九歳で二九・八％が就業している。年々、六五歳以上の雇用者数は増加しているものの、六〇歳を境にして非正規雇用率は上昇しているのが現状である（内閣府、二〇一七）。

2　青年の離職率

二〇一三（平成二五）年度の一九歳以下の離職率は、三七・〇％、二〇～二四歳までの離職率は、二六・〇％、二五～二九歳までの離職率は、一九・三％と高い値を示している（内閣府、二〇一五）。就職して三年以内に離職する者を早期離職者というが、就職して一年以内に離職した者を学歴別にみると、中学卒業の者が六四・九％、高校卒業の者が三九・七％、大学卒業の者が三二・三％である（内閣府、二〇一五）。

二〇〇七（平成一九）年度の青少年白書における離職率は、中学卒業の者が七〇・四％、高校卒業の者が四九・三％、大学卒業の者が三五・七％であり、当時、この学歴別離職率を「7・5・3」現象と呼んだ（内閣府、二〇〇八）。また、離職しやすい仕事は、小売り業、卸し売り業、製造業、医療・福祉関係が多い（内閣府、二〇一五）。離職の理由は、

「低賃金」「休暇日が少ない」「企業の情報開示がない」「労働組合がない」などさまざまである。

では、離職後の転職の現状はどうであろうか。わが国の青年は、他国の青年と比較して転職しない傾向があり、「職場で不満があれば転職してもやむをえない」と答える者が五七・五一％もいるものの、転職よりも離職してアルバイトを行う者のほうが多い（内閣府、二〇〇九）。ＤＯＤＡ（デューダ）による二五歳から三四歳までの五〇〇〇名を対象とした調査によれば、転職したい企業としては、一位トヨタ、二位ソニー、三位グーグルと大企業があげられ、男子はトヨタ、女子は資生堂がトップにあげられているが、実際の転職先の統計結果はない（DODA, 2009）。

厚生労働省は、こうした離職率の高さをふまえ、現在では青年へのキャリア教育の充実、ブラック企業対策、有給休暇や育児休暇の増加、最低賃金の増額などの対策を検討し、青年の離職率の減少をはかっている。

3　家族と青年の心の問題

わが国の青年の心の問題は多様化し、また、心の問題は増加していることがとらえられる。たとえば、二〇一三（平成二五）年度は前年度よりも小中学校あわせて約七〇〇〇人（小学校で二九三二人、中学校で三九九六人）も不登校児童生徒が増加している（文部科学省、二〇一四）。この傾向は翌二〇一四（平成二六）年も続き、小学校で一六九一人、中学校で一五九四人とさらに増加している（文部科学省、二〇一五）。その内訳は、二〇一四（平成二六）年度の小学校の不登校発生率は〇・三九％と、二〇〇〇（平成一二）年度と二〇〇二（平成一四）年度の〇・三六％を超えて過去最高を記録し、中学校では二・七六％と二〇〇七（平成一九）年度の過去最高二・九一％に迫りつつある。

学校内での暴力行為そのものの発生件数に関しても、増加傾向にある。たとえば二〇〇七（平成一九）年度には器物破損などの行為や、教師への粗暴なまたは暴力的行為、および生徒間の暴力行為すべてが前年より増加しており、暴力行為が生じた学校は全体の二〇％を超えていると報告されている（文部科学省、二〇一一）。

また、傳田（二〇〇八）による小中学校生七三八人を対象とした有病率調査では、大うつ病性障害と診断可能であったものは一一人（一・五％）、気分変調性障害に合致したものは二人（一・一％）であることが報告されている。同じく、中学生三二八人を対象とした調査においても、一六人（四・九％）が面接調査時点において何らかのうつ病性障害に合致するとされている（佐藤ら、二〇〇九）。

表15　不安障害、強迫性障害、摂食障害の増減

疾患名	増減について	出典
不安障害 (anxiety disorder)	18歳から60歳までで発症、女性が多い。1)恐怖症、2)全般性不安障害、3)PTSD(心的外傷後ストレス障害)、4)パニック障害の順に多い。増減はなく一定数	川上憲人厚生労働科学研究（厚生労働省、2007）
強迫性障害 (obsessive compulsive disorder)	20歳以上で発症し、性差はない。増減はなく一定数。わが国で約100万人が発症している	川上憲人厚生労働科学研究（厚生労働省、2007）
摂食障害 (eating disorder)	年々、増加している。女性が多い。拒食症は10代に、過食症は20代に発症しやすく、リストカットを示しやすい	摂食障害についてのホームページ（厚生労働省、2011）

さらに、小中学校の抑うつ症状の発達的変化について縦断的に追跡した研究では、小学生から中学生にかけて全体的に抑うつ症状の悪化がみられることが示されている。加えて、リスクの高い児童においては一時的な改善が見られた後、中学校進学という環境の変化において抑うつ症状を悪化させるという二次関数的（曲線的）変化を示し、結果的にリスクの高さが進学後も維持されることが明らかにされている（松原ら、二〇一六）。

このようにうつ病やうつ状態の青年は増えている。これに関連して他の精神症状をもつ青年の現状はどうであろうか。表15に不安障害、強迫性障害、摂食障害の増減についてまとめてみた。

不安障害や強迫性障害は、時代の変化があっても増減がみられないようだが、一方で表15から摂食障害が増えていることがわかる。摂食障害に関しては以前から家族関係の問題が指摘されてきた（下坂、一九九七）。この結果から、家族関係の問題は増えているのではなかろうか。

ここでわが国の戦後から今日までの家族問題のあり方の変遷の概要をあげれば、「核家族」の形成に始まり、「核家族」の崩壊へと展開しているともとらえられる。リトワク（一九六〇）は、早くから「核家族」に愛と母性がなければ子どもの心に問題が生じると唱えている。

わが国において一九八一（昭和五六）年頃より、共稼ぎ夫婦、働く母親の増加や、少子化、高齢者の増加が進み、それとともに離婚、別居、ＤＶ家族も生じはじめ、さらにバブル崩壊時頃より、不況からくる家族の経済的格差や児童虐待の増加がめだってきた。また、戦後からあった地域による家族への支援も弱まり、閉鎖的、孤立的な家族が増えてきた。このような家族のあり方の問題が、現代の青年の不登校、暴力、うつ状態、摂食障害の増加の背景にあると考えられる。

以上のことからわが国の青年の雇用については、非正規雇用者が多いこと、離職率も高いこと、また、不登校、暴力、うつ状態、摂食障害などの心の問題をもつ者が増えていること、また、その背景に家族関係の問題があることをとらえると、表９に示すクライエント中心カウンセリングの技法だけを用いた現状のキャリアカウンセリングを行っていくことだけでこれらの問題の解決を図ることは容易ではないのではなかろうか。

第4章　キャリアカウンセリングへの心理療法の適用

1　なぜキャリアカウンセリングに心理療法を適用するのか

表8と表9で示したロジャース（一九四二）が創案したクライエント中心カウンセリングは、その対象者はほとんどが一般の人、つまり精神疾患やパーソナリティ上の何らかの問題をもつ者ではない者であった。このクライエント中心カウンセリングは、どの流派の心理療法（psychotherapy）の実践においても共通して必要なカウンセラーの態度を強調しているところに意義がある。しかし、実際のキャリア心理臨床現場におけるクライエントによるクライエント中心カウンセリング経験についての声を聞くと、カウンセリング場面

表16　神経症、心身症、パーソナリティ障害、精神病の特徴

疾患名	特　徴
神経症	ノイローゼともいう。心理的原因で生活に支障をきたす（不眠、食欲不振など）。病識をもつ
心身症	心理的原因で身体症状が生じる病。過呼吸、胃潰瘍、過敏性腸症候群、拒食症などがある
パーソナリティ障害	異常性格、性格異常などといわれていた。対人関係上でトラブルが生じやすいか、社会で孤立しやすい
精神病	主に統合失調症やうつ病（気分障害）、双極性感情障害をいう。確定した原因は現在でも不明。病識が乏しい。幻聴、幻覚、妄想を有することがある

注：「ノイローゼ」「精神病」「性格異常」などの語は、現在では専門的に用いられないが、日常でよく用いるため取りあげた。

でカウンセラーが「はい」「うん」と受容してよく話は聞いてくれるものの、キャリアに関する具体的な解決につながらなかったという不満をよく耳にする。

今日、このように共感して受容していくだけでは展開しにくい高齢者のキャリアの問題を抱えるケースが増えたり、第3章第3節で述べたように心の問題をもつ青年が増えている現状をとらえると、心の問題の解決と生涯においてキャリアを形成していくことは深く関係していると考えられることから今後は、キャリアカウンセリングへの心理療法の適用が必要ではないかと思われる。

実際の心理療法の実践は、神経症（neurosis）、心身症（psychosomatic disease）、パーソナリティ障害（personality disorder）、精神病（psychosis）などのクライエントが対象となる。十分な心理療法の研修教育やケースに関わることのスーパービジョン（supervision）が必要である。このような各疾患の特徴は、表16の通りである。

現在のキャリアカウンセリングを行っている現場にいきなり心理療法を適用させることは困難な点が多いかもしれない。しかし、クライエントに自己洞察（insight）を促すことは除外してもクライエントを共感、受容するのみでなく、クライエントの心を支えたり、行動を訓練したり、心を表現してもらうことを主体とする心理療法的なキャリアカウンセリングは明日からでも行えるのではないかと思われる。

そこで心理療法とは何か、その基本的要因についてふれておきたい。

2　心理療法とは

精神科医が行う場合を精神療法（psychotherapy）と呼ぶが、臨床心理士や公認心理師が行う場合を心理療法（psychotherapy）と呼び、それは、「精神障害（神経症、神経症的な者、悩みのある者）に対して対人関係（治療関係）を通して情緒障害（心の問題、症状、葛藤）を解決（いやす）する方法のことをいう」（西園、一九七五）とされている。

しかし、この定義もあいまいな点が多く、対象は、情緒障害にかぎらず、最近では精神病患者やさまざまな心身の障害をもつ者にも心理療法は適用されている。また、「対人関係を通して」とあるが、マインドフルネス（mindfulness）、自己コントロール、禅、自律訓練法など自分ひとりで自らの心を調整していく方法も心理療法と呼ばれる。また、「解決する」という点に関しても、その意味は、心理療法各流派によって異なっている。たとえば、精神分析療法（psychoanalysis）では、症状や葛藤の原因について、クライエントに無意識世界のコンプレックスや乳幼児期の親子関係のあり方が起因していることを洞察させることを、行動療法（behavior therapy）では学習を通して症状や問題行動を除去することを、「解決」という。また、対象となるクライエントの年齢によっては、青年期以前の者の場合は、教育（education）、つまり教え育てることが、成人期以後の者の場合は、治療（treatment）、つまり健康な以前の状態に回復させることがそのねらいの中心となりやすい。

このように心理療法とは何かを厳密に定義するだけでも困難である。筆者なりに心理療法をとらえてみると、「心に葛藤、問題、障害をもち不適応状態に陥っている者や不適応状態に近い者に対して精神医学や臨床心理学上の研修、養成を受けた者が何らかの手だてをして、適応状態へと援助していく方法のこと」といえる。

3　心理療法の基本的要因

井村（一九五二）によれば、これまでに心理療法の技法は数多く開発されているが、それらは、大なり小なり、「支持（support）」「訓練（training）」「表現（expression）」「洞察（insight）」の四つの基本的要因の組み合わせによって構成されているという。表17は、心理療法の技法上の基本的要因の発言例をまとめたものである。

表17の「支持」は、クライエントの自我を支えることであり、この「支持」にも「保証」「助言」「説得」「再教育」「暗示」の五つがある。「保証」は、とかく日常では「大丈夫ですよ」という慣用句として発しやすいが、心理療法の場合、本当に治療者がクライエントに「大丈夫である」と保証する語として用いる。また、心理療法における「助言」も頻繁に行うものではないが、専門的な助言がクライエントのキャリアについての葛藤を解決へと導くこともある。

「説得」を行うことは少なく、「死にたい」「殺したい」といった希なクライエントの発言に対してそれをくいとめる際に行う。

また、「再教育」こそ、キャリア心理療法によく用いられ、失敗をくり返すクライエン

表17　心理療法技法の基本的要因

<table>
<tr><th>要因</th><th>ねらい</th><th colspan="2">発　言　例</th></tr>
<tr><td rowspan="5">支持</td><td rowspan="5">励ましたり、知識や技術を教えたり、忠告や助言をしたりして心を支える</td><td>保　証</td><td>ク「そのことが気になってしかたがないのです」
カ「そうですか。しかし、君が心配しているほどではありませんよ。だいじょうぶです」</td></tr>
<tr><td>助　言</td><td>ク「どうしたらよいのでしょうか」
カ「○○○したほうがよいと思う」</td></tr>
<tr><td>説　得</td><td>カ「とにかく君は、○○○すべきだ。そうしたほうが絶対にいいよ。そうだろ」</td></tr>
<tr><td>再教育</td><td>ク「そのへんに私の問題があると思うのですが……」
カ「そうでしょう。君はいつも○○○という自分の問題で同じパターンをくり返している。今度は、そのへんを考えて、△△△してみてはどうですか」</td></tr>
<tr><td>暗　示</td><td>カ「今度は、君は、きっと○○○をする。そのとおりになりますよ」
ク「はい」</td></tr>
<tr><td>訓練</td><td>実際の行動を通して体験させることにより、心をきたえて自信をつけさせる</td><td colspan="2">ク「先週、先生のいうとおりに○○○ができました」
カ「そうかよくやれたね。今度は、もう少しがんばって△△△をやってみよう」</td></tr>
<tr><td>表現</td><td>心の底に閉じ込められている欲求や感情を表現させる</td><td colspan="2">カ「胸にたまっているわだかまりをすべて話してごらん」</td></tr>
<tr><td rowspan="2">洞察</td><td>〔精神分析療法がめざす洞察〕
症状や行動の背景にかくれている欲求や感情や葛藤を気づかせる</td><td colspan="2">ク「学校へ行けなかったのは、お母さんにかまってもらいたい気持ちとお母さんにさからいたい気持ちの2つがゆれ動いていたからだと思います」</td></tr>
<tr><td>〔クライエント中心カウンセリングがめざす洞察〕
○自分についての肯定的側面や否定的側面の両方を素直に受けいれるようになることをめざす
○空想的な自分のあり方から現実的な方向へ変化していくことをめざす</td><td colspan="2">ク「最近、私のほうが間違っていたことがわかりました。母を攻撃していたのは、私の自信のなさだとつくづく思いました。自分に弱いところがあるなあと思います」

ク「よく考えてみると、無理な理想ばかり追っているようで、○○○している時の自分が本当の自分だなあと思います」</td></tr>
</table>

注：「カ」はカウンセラーの発言例を、「ク」はクライエントの発言例を示す。
「訓練」は、行動療法の主な技法、「表現」は、ことばにかぎらず動作、絵や粘土を用いた遊び、コラージュや箱庭を用いたイメージをふくむ。
出所：長尾、2001

トを励まし、次の案を話し合う際に用いる。

さらに「暗示」は、臨床経験豊かな治療者が、未熟なクライエントのもつ不安に対して安心感を生じさせるためにクライエントの先をみすえて用いることが多い。

次に「訓練」は、クライエントに経験を重ねさせ、正しい行動を学ばせるために行う。とくに、恐怖、不安を抱くことに対して慣らして安心させるために用いやすい。その際、やさしい課題から次第に難しい課題へと行動し学習していくことがポイントである。

また、「表現」は、クライエント中心カウンセリングでは主にことばによってクライエントの感情を表現させるが、他の心理療法学派は、ことば以外の描画、コラージュ、箱庭、身体を介して表現させることもある。その際、重要なことは、どの程度表現させるかであり、表現しすぎても心の変化につながらず、その後の治療関係に支障をきたすこともある。

また、「洞察」は、「洞察」する内容に水準があり、意識水準の自分の問題、自分の問題の原因、自分の偏った、あるいは間違った考え方から無意識水準の自分のもつコンプレックス（complex 心のしこり）や過去からもつ問題の原因まで、その深さがある。「洞察」していく際、心理療法過程で「洞察」していくことの「抵抗（resistance）」が生じやすい。この「抵抗」を乗り越えて初めて「洞察」が可能となる。

表17の支持、訓練、表現という基本的要因は、キャリアカウンセリングの実践において

適用できると思われる。この実践において留意する点は、次に述べる「自我の強さ」の程度と病態水準である。

第Ⅱ部

実践編

第5章　自我の強さに応じた心理療法

1　自我の強さとは

精神分析療法を行う際、クライエントの自我の強さ（ego strength）の程度をみて各技法を用いることが重要である。自我の強さとは、精神的な強さを意味する精神分析用語である。

表18は、前田（一九七六）による自我の強さをとらえる基準を示したものである（「自我強度」をとらえる長尾、二〇〇七の尺度もある）。これより、①がまん強さがあり、②趣味をもち、スポーツを行ったり、③主観的、理想的な考えや思いこみをなくし、現実的、客観

表 18　自我の強さの程度をとらえる規準

⑴欲求不満耐久度 どの程度、がまん強さがあるか
⑵適切な自我の防衛度 直接に表現することが許されない欲求を、どの程度社会的に受け入れられる形で表現できるか
⑶現実吟味能力 どの程度、現実を正確に客観的にとらえることができるかどうか
⑷心の柔軟性 時と場合に応じて、自由に退行したり、緊張・集中したりすることができるかどうか
⑸心の安定性と統合性 パーソナリティの一貫性とまとまりがあるかどうか
⑹自我同一性の確立 社会のなかで自分というものをどの程度明確に確立しているかどうか

出所：前田、1976

的な考えをもつ、④融通性がある、⑤落ち着きとまとまりがある、⑥自分のよいところもわるいところも正しく知っているということが自我の強さの意味であることがわかる。自我の強さは、素因による生まれつきのものと乳幼児期における親子関係での安定性から生じるものがあるといわれている。

クライエントの自我の強さをとらえることは、社会における適応（adjustment）の程度や後述する精神病理的水準をとらえることに役立ち、精神分析療法においてクライエントに対するアセスメント（assessment）や治療効果をみていくうえで重視されている。

青年期の自我発達上の危機状態（ego developmental crisis state）とは、中学・高校・大学生時における親との独立と依存の葛藤や自我同一性（アイデンティティ）を確立していくことの葛藤を意味しており、長尾（二〇〇五）の研究から今日の青年はこのような危機状態に直面し経験する者は約三割程度でほとんどの青年はこの危機を回避しているという。また、長尾（二〇〇五）は、青年期の自我発達上の危機状態に関して多くの調査結果から、幼児期の親子関係、青年期の家族関係、交友関係、前思春期の親友（chum）の有無、エディプス・コンプレックス（Oedipus complex）の有無、自我の強さの六要因のうちで、青年期の危機状態に自我の強さの程度が最も強く影響している要因であることを明らかにし、この自我の強さの程度を重視している。つまり、自我が強いと青年期の自我発達上の危機状態を乗り越えられると考えられる。

2　自我の強さと病態水準との関係

「正常→神経症的→神経症→パーソナリティ障害→心身症→精神病」という精神病理的（psychopathological）水準のことを病態水準という（段階を経るほど、その精神状態が重篤であることを示す）。自我の強さの程度は、この病態水準と即応しており、表19は、自我の強さの程度と病態水準との関係を示したものである。

表19より、一般の人は自我の強さは強く、やや気にしやすい者（神経症的）、日常でさ

表19　自我の強さの程度と病態水準との関係

水準	段階	内容	精神医学的診断
正常水準	正常 情動的反応	（とくになし） 現実的なストレス反応 （軽い不安、情動反応、心配状態、一過性の心身症反応）	正常 正常 （不安神経症） 心身症反応
神経症水準	神経症的	やや自我の弱さ（神経症的パーソナリティ） （不安、情動反応、行動障害、軽い心身症）	前神経症状態 心身症
	神経症 パーソナリティの障害をともなう神経症 精神病的反応	自我の弱さ（神経症的パーソナリティ） 固有の病態に固定 （神経症、心身症、行動障害、習癖など） 自我の弱さ（性格神経症） （根深い神経症、心身症、行動障害など） 自我の弱さ（軽い心因反応）	神経症 心身症 行動異常 神経症 心身症 行動異常 心因反応
精神病水準	境界例 精神病	自己愛的自我障害 ひどい自己愛的自我障害	境界例 心身症 統合失調症 躁うつ病

注：今日の精神医学では「神経症」や「精神病」という診断名を用いないが、日常でよく用いられており、理解しやすいためにこのような語を用いた。
出所：前田、1976

さいなことでも気にして生活に支障をきたす者（神経症）、そして常に対人関係でトラブルを生じさせて孤立している者（パーソナリティ障害）や心理的なストレスによってさまざまな身体症状が生じやすい者（心身症）、さらに、統合失調症や双極性感情障害（躁うつ病）、の順に自我は弱いと考えられ、精神病性のうつ病の者は最も自我が弱いととらえられる。

臨床心理士やキャリアカウンセラーは、法的には精神医学的診断（diagnosis）はできないものの、表18を参考にして面接や心理テストによってクライエントの自我の強さの程度をみていくと精神医学的なアセスメントもある程度可能であると思われる。

3　自我の強さに応じた心理療法の適用

本書の理論編の第4章第3節でキャリアカウンセリングへの心理療法の適用について述べたが、では、クライエントの自我の強さの程度をみて、そのうえで具体的にどのような心理療法を行うことが望ましいのであろうか。

表20は、表18で示した自我の強さの程度と表17で示した心理療法の基本的要因との関係を示したものである。

表 20　自我の強さと心理療法の基本的技法との関係

自我の強さの程度	病態水準	心理療法の基本的技法
自我が強い	正　常	支持・訓練
中　程　度	神経症的	
	神 経 症	表現・洞察
自我が弱い	パーソナリティ障　害	支持・訓練
	精 神 病	

出所：長尾、1991

ロジャース流のクライエント中心カウンセリングは、病的ではないクライエントによる言語表現から「洞察」をねらった療法であるが、表20よりキャリアカウンセリングでは一般の人の悩みに関しては、クライエントの自我を支えたり（保証、助言、説得、再教育、暗示）、あるいはクライエントによるキャリアをめざす訓練（さまざまなキャリア上のワーク、何度も採用面接を受けることなど）を行うことが望ましいといえる。また、このことは非常に自我の弱いパーソナリティ障害や精神病のクライエントに対しても当てはまることがわかる。つまり、自我の弱いパーソナリティ障害や精神病のクライエントに対しては、気分障害、幻聴、妄想の背景にある気持ちを受容し、病にこだわらず人生に前向きな姿勢を支持し、生活訓練をしていくような自我の防衛をこわさず健康な部分の自我を支え、次第に自我を強くしていくことが重要である。

表 21　ラポール形成の技法

言語交流	カウンセラーの自問自答	クライエントをみて関心があるであろうこと（スポーツ、芸能人、ゲーム、歌など）を推測し、本人の前で声を出して自問自答する
	カウンセラーの踊り	自問自答内容でクライエントが反応したらそれにオーバーに反応して、そのことの展開をはかる
非言語交流	ゲーム	攻撃的ゲームが好きか親しめるゲームが好きかを判断する
	描画	スクイグルやバウムテスト、マンガなどを描くか描いてみせる
	身体	腕ずもう、動作訓練など

一般の人よりもやや自我が弱い神経症的な（ものごとを気にしやすい）クライエントや神経症の（悩みがあってそのことに強くこだわる）クライエントに対しては、悩みを表現させたり、あるいは精神内界の言語以外の表現（箱庭、絵画、コラージュなどのイメージ表現）をさせたりすることや、ことばを媒介とした悩みの原因や悩みの問題点に気づかせる洞察をめざすカウンセリングが望ましいことがわかる。わが国の臨床心理士は、大学、大学院時の授業においてこの部分の心理療法の理論上の研修は、流派を問わず十分に行っていると思われる。

このような心理療法的キャリアカウンセリングを行うことにおいて、当然のことながらカウンセラーとクライエントとのラポール（rapport　信頼関係）が成立している、あるいは成立していくことが必要である。表21は、ラポールを形成していく主な技法を示したものである。このような方法を取り入れ、ラポールを形成することが重要であるといえる。

以下にこれまで述べてきた知識をふまえたうえで、自我発達に即した青年期と成人期以降の具体的なケース、そしてさまざまな不適応クライエントのケースをあげていきたい。

第6章　自我発達に即したケースのキャリアカウンセリング

1　青年期

(1)　現代青年の心性

一般に青年期の心性や病理は、その時代の文化や時勢の影響を受けて約一〇年ごとに変化しやすい。昨今の青年（中学・高校・大学生）の心性は、その実態がつかみにくく、また、関わっても手ごたえがないという特徴がみられる。このようなことから、青年心理に関する各種の心理学会での青年心理の関心の乏しさがみられるようになり、書籍や出版物が以前のようには売れていない現状が見受けられる。

本節では、筆者なりに今世紀に入ってから共通する青年期心性を、キャリア形成の観点から四点あげてみたい。筆者の四〇年以上に及ぶ教育現場、臨床現場での青年期心理と病理の臨床経験や研究経験にもとづき紹介する。

①既述したように青年期の危機を回避した青年が多い。

その特徴は、(1)第二次反抗期を経験しない者が多い、(2)大学院入学や留学する者が増え、青年期の延長が進んでいる、(3)父親の定年退職が延び、いつまでも父親の経済力に依存し、自らのキャリア形成についての焦りがなく親への依存が長く続いている者が多い。

②タテマエの交友関係を行う青年が多い。

つまり、携帯電話、スマートフォン、パソコンという交友関係の交流手段の変化も影響してか、友人とは深入りをせず、一定の距離をもって交流する青年が多い。従来のような友人と深く関わり、ホンネをぶつけ合ってけんかや口論をして、互いの違いを分かち合うという関係を好まず、また、集団ではその場の「空気」を読んで、場違いな言動をしないよう気をつかって、集団に同調する青年が多いことがあげられる。

この交友関係には、性差があり、たとえば和田（一九九三）は、社会的役割という視点から男子は、達成、競争、独立という特徴をもつ交友関係を、女子は、共有、暖かさ、親密という特徴をもつ交友関係があると指摘している。また、岡田（二〇一六）は、一九八九（昭和六四）年から二〇一〇（平成二二）年までの多くの交友関係の調査結果をまとめ、明確な交友関係のあり方の変化がないことをあげているが、調査対象がほとんど大学生、しかも国立大学の学生の研究結果であることから、今後は、中学卒業、高校卒業、私立大学の学生など幅広い青年を対象とした研究から交友関係のあり方の変化をみていく必要があるのではなかろうか。

③資格中心の皮相的キャリア論を抱く青年が多い。

これは、青年個人による特性ではなく、むしろ大衆化した大学や、経営中心の専門学校による生き残り経営戦略に乗じたものであるが、自己の特性や個性の吟味や生涯を通したキャリアという考えを軽視して、単純に「資格」イコール「キャリア」ととらえる青年が多いことを意味している。大学の大衆化や資格取得を掲げる専門学校や資格中心の大学の普及は、総合教育が必要なリーダーの養成を弱めたり、何年もかけて技能や技術を身につける真の専門家の養成を妨げることにもつながると思われる。このように今日の青年が資格取得中心に進学をしたり、進路を決めていくのは現代社会の経済的不安定性も影響しているが、青年にとっては「こんな人物になりたい」というモデル（理想の人物像）が乏しく、理想となる大人が少ないということもある。また、資格について将来を考えれば、表14のホール（二〇〇二）によるプロティアンキャリア論にもとづき一つの資格をもつよりも、多くの資格取得が今後有利であろうことがいえる。

④現実吟味能力（reality testing）が乏しい青年が多い。

現実吟味能力とは、イメージと外的世界、空想と現実とを識別し主観的な印象を外界の諸事実と照合、吟味する自我機能のことをいう（フロイト、一九一二）。現代青年は、他者との直接な関わりが乏しく、情報機器を通した関わりをし、また、アニメやゲームへの自己没入、父親を介した現実世界の知識不足などの影響から現実吟味能力は乏しくなっていると思われる。このことは、昨今の青年の心の問題の特徴といえよう。たとえば、従来からいわれている「父なき社会」の影響をうけた不登校や無気力な青年の増加や思い通りにならない事態において現実的、前進的な対処を行わず、リストカットを示したり、ひきこもりやうつ状態に陥ったり、不快なことを忘れたり（解離性健忘）、多面的な自分を示して他者から注目を浴びようとする（多重人格）青年らが目立っている点からもうかがえる。

上記の①～④までの特徴をもつ青年のキャリア形成については、「高校中退」「フリーター」、既述した「離職」という社会現象として現れている。「高校中退」は、親が学費を払えなくなったこと（西日本新聞、二〇〇八）や不登校によるもの（文部科学省、二〇〇四）が多く、「大学中退」は、私立大学では年間五万五〇〇〇人も中退しており、その理由は学習意欲の低下や人間関係の悪化や不満によるものが多いという（朝日新聞、二〇〇九）。

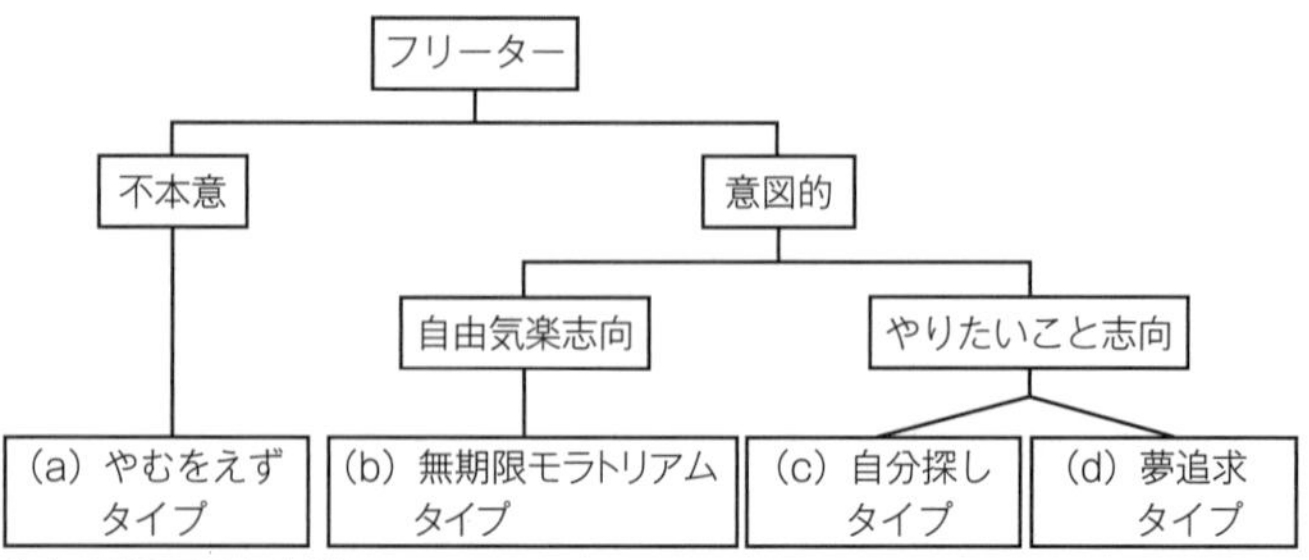

(a)$_1$ 正規雇用志向型
(a)$_2$ 期間限定型
(a)$_3$ プライベートトラブル型

図 10　フリーターのタイプ

注：わが国のフリーターは(a)$_1$正規雇用志向型が多い。青年以外のフリーターもふくめば、本書のケースで、(a)$_2$はケースH、(a)$_3$はケースKからケースXまで、(b)はケースD、(c)はケースＩとケースR、(d)はケースAが相当するととらえられる。
出所：日本労働研究機構、2000

厚生労働省（二〇〇二）は「フリーター」を①一五〜三四歳で、男性は卒業者、女性は卒業者で未婚のうちパート・アルバイトの者、②完全失業者のうちパート・アルバイトを探している者、また③非労働力人口のうち希望する仕事の形態がパート・アルバイトで、家事も通学も就業内定もしていない者と定義している。この「フリーター」の数は、高卒の者が多く、二〇〇四年をピークに年々若干減少しているという（総務省、二〇一三）。

また、「フリーター」には、図10に示すタイプがあるという。図10より、「フリーター」には、(a)の「やむをえず」フリーターをしている者もいて、そのうち(a)$_1$の「正規雇用」が決まるまでパート・アルバイトをしている者、(a)$_2$の期間限定型で就職が決まるまでフリーターをする者、(a)$_3$の家族や友人、恋人とのトラブルや家族の病気、自分の病気などによって一時的にフリーターになっている者がある。また、将来の見通しが曖昧なままにフリーターを行う、(b)の無期限モラトリアムタイプもあり、このタイプと逆に明確な目標を積極的に探す(c)の自分探しタイプや、(d)の職人・フリーランスをめざし長期のフリーターを過ごす夢追求タイプがあることがわかる。

このフリーター問題と関連して、最近の青年心理学ではアメリカのアーネット（二〇〇〇）が唱えた中産階級の一八歳から二五歳までの青年を脱成人期（emerging adulthood）にいる者ととらえ、次のような青年が先進諸国に増えているという。その特徴は、アーネット（二〇〇四）によれば、①とくに恋愛と仕事でさまざまな可能性を試す、②不安定である、③最も自分自身に関心が向かう時期、④青年でも成人でもない時期、⑤可能性に満ちた時期の五点で説明されるとしている。わが国においても白井ら（二〇〇九）による二三歳から三九歳までの八三〇〇名を対象とした調査研究の結果から、このような脱成人期にいる者がわが国にも多くいることが示されている。しかし、乾（二〇一六）は、学歴や社会階層要因、正規雇用か非正規雇用かの点もふまえて脱成人期の者の増加をみていく必要があると述べている。この脱成人期の特徴について小此木が約四〇年前に唱えた「モラト

表22　ハーシェンソンのキャリア発達論

職業的発達段階	エネルギーの用いられ方	職業の様式	職業と関係する問いかけ	エリクソンの段階
社会的羊膜段階	意　識 (awareness)	存在すること (being)	私は存在するのだろうか	基本的信頼感 自律性
自己分化段階	統　制 (control)	遊　び (play)	私は誰なのだろうか	自発性
有能性段階	方向づけ (directed)	作　業 (work)	私には何ができるのだろう	勤勉性
独立段階	目標志向 (goal-directed)	職　業 (occupation)	私は何をしようか	アイデンティティ
積極的関与段階	投　与 (invested)	天　職 (vocation)	私がすることは私にとってどんな意味があるのだろう	親密性 世代性 統合性

注：ハーシェンソンの理論は、自分を形成した後、職業目標を設定するとらえ方がある。
出所：ハーシェンソン、1967

リアム人間」の特徴とどのように違うのかをとらえていく必要もある。

（2）青年期のキャリア発達課題

ここで、青年期のキャリア発達についてみていく。エリクソン（一九五〇）の自我発達上の心理・社会的発達理論に準じたハーシェンソン（一九六七）のキャリア発達段階論では、表22に示すように青年期は、「私は何をしようか」という目標（職内容）の決定が重要であることがわかる。この部分をさらに細かくみていくと、表23に示す厚生労働省（二〇〇二）のいう職業的発達段階があり、これはスーパー（一九八〇）が唱えたものに準じており、目標（職内容）を「希望（hope）」の探索という名で

表 23　職業的発達段階

発達段階	職業的発達課題
A成長段階 児童期・青年前期（-14歳）	 自分がどういう人間であるかということを知る 職業世界についての積極的な態度を養い、働くことの意味についての理解を深める
B探索段階 1)試みの段階 青年前期・青年中期 （15-17歳）	 職業についての希望をかたちづくっていく （自分に適切だと思う職業について大まかな予想を立てていく）
2)移行の時期 青年後期・成人前期 （18-21歳）	職業についての希望を明らかにしていく （大まかな予想から、職業の選択を行う）
3)実践試行の時期 成人前期（22-24歳）	職業についての希望を実践していく
C確立段階 1)実践試行の時期 成人前期から30歳ごろまで	 職業への方向づけを確定し、その職業に就く
2)昇進の時期 30歳代から40歳代中期	確立と昇進
D維持段階 40歳代中期から退職まで	 達成した地位やその有利性を保持する
E解放段階 65歳以上	 諸活動の減退と退職

注：心理学者のスーパーや厚生労働省は、社会のなかに青年にとって希望がもてる職業があるという前提がある。

出所：厚生労働省、2002を改変

示している。ギンズバーグら（一九五一）は、この過程を表24に示すように興味→能力→価値観→移行→現実期→探索の順で示し、価値基準について重視している。表22、表23、表24からいえることは、青年期のキャリア形成においてどのような価値観をもつのかという課題が大きいということである。しかし、わが国の学校教育において価値について考える教科が少なく、また、深くはふれないことから、どのようにして価値観をもつのかについての教育は今後のキャリア教育における大きな課題ではないかと思われる。

望月（一九九二）は、中学生、高校生、大学生を対象にキャリア発達尺度を作成して、①職業自己実現傾向、②社会的職業的役割の検討、③社会的評価基準の理解の三因子を抽出し、この順でキャリアは発達していくことを実証している。また、キャリア探索行動に影響を及ぼす要因としては、キャリアに関する興味とやれる自信と実行しての期待を結びつけた社会的認知的進路理論（social cognitive theory：レントら、一九九四）で検討され、そこでは自己効力感（self efficacy）や結果期待（outcome expectation）要因が大きいことが明らかにされている（安達、二〇〇一：安達、二〇〇三）。

（3）キャリアに役立つ心理テスト

キャリアカウンセリングにおいて用いられる心理テストは、主に①職業適性、職業レデ

表 24　ギンズバーグのキャリア発達段階

段階	年齢	内容
1　興味段階	11～12歳	自分の興味が職業選択の主要な基準となる
2　能力段階	12～14歳	種々の職業はそれぞれ異なった能力を必要とすることを認識するようになり、自分の能力について考え、能力にもとづいた選択を試みるようになる
3　価値観段階	15～16歳	自分なりの価値基準が形成され、それを基準として職業選択を試みるようになる
4　移行段階	17～18歳	現実的な外的条件（例：就職競争率）や環境に対する考慮（例：家庭の状況）が深まり、選択の規定要因は自分の興味や能力、価値観だけではないことを認識するようになる
5　現実期	18～22歳ごろ	自己の特徴と社会経済条件とはときに対立し、その結果、両者の間の調整・妥協が行われる時期である。この時期もさらに3段階に分けられる
(1)　探索段階		これまでの経験を用いて、まだ決定的になっていない選択を総覧したり、探索してみる
(2)　結晶化段階		探索の結果、特定の職業領域に関心が集中し、それに向かって、将来の計画を立て始める
(3)　特殊化段階		選択した特定の職業に対して具体的に検討を深める

注：ギンズバーグは、ヒトのもつ価値観を重視し、それにもとづく職業決定というとらえ方がある。
出所：ギンズバーグら、1951

表25　心理テスト実施上の留意点

⑴実施前 　ⓐ実施目的に則した心理テストの選択 　ⓑ実施できる時間と場所の確保
⑵実施中 　ⓐクライエントに心理テストを実施する目的を説明する 　ⓑクライエントとのラポールを深めたうえで実施する
⑶実施後 　ⓐ実際の解釈や評価は、「マニュアル」やスーパーバイザーの意見にもとづいて行う 　ⓑ結果の所見は、他のスタッフにも理解できるようなわかりやすい表現で書く 　ⓒ結果の解釈にあたり、カウンセラーの価値判断を加えない 　ⓓ心理テストの結果を絶対視しないで、クライエントの一断面にすぎないととらえる

注：キャリアカウンセラーの大切な職務は、心理テスト結果をいかに有意義にフィードバックしていくかである。
出所：長尾、2001

ィネス、職業興味をとらえるテスト、②パーソナリティをとらえるテスト、③価値観や志向性をとらえるテスト、あるいは④企業採用試験の準備としての作業テストなどである。筆者らは、理論編の第3章で述べたわが国の青年の現状をふまえて、上記の①～④までの心理テスト以外に、心の問題（メンタルヘルス）をとらえることが必要であり、CMI（コーネルメディィカルインデックス）、MMPI、バウムテスト、くわえてWAIS、WISCなどの知能テストも用いることや、また、用いることができる能力が必要であるととらえている。

心理テストを実施する際の留意点は、表25に示す点があげられる。また、キャ

表26　キャリアに関する主な心理テスト一覧

測定のねらい	心理テスト名	創案者	出　典
職業適性	一般職業適性検査	厚生労働省	一般職業適性検査手引
職業レディネス	職業レディネステスト（VRT）	厚生労働省	職業レディネステスト結果の見方、生かし方
職業興味	VPI 職業興味検査	ホランド	VPI 職業興味検査結果の見方、生かし方
就職活動不安	就職活動不安尺度	松田侑子ら	心理学研究、80巻、p512-519
就業動機づけ	就業動機尺度	安達智子	実験社会心理学研究、38巻、p172-182
職業決定困難	職業決定困難尺度	ガチら	Journal of Counseling Psychology、43巻、p510-526
進路成熟態度	進路成熟態度尺度	坂柳・竹内	愛知教育大学研究報告、35巻、p169-182
進路選択自己効力感	進路選択自己効力感尺度	富安浩樹	発達心理学研究、8巻、p15-25

注：上記のテストはとくに健常者にとって役立つ。

リアに関する主な心理テストは、表26に示すものがある。

　表26から、一般に職業の適性については「一般職業適性検査」を、どの程度進路について考えているかをみる場合には「進路成熟態度尺度」を、就業動機づけの程度をみる場合には「就業動機づけ尺度」を用いることが多い。

　また、病院心理臨床経験がないカウンセラーや臨床心理士が、クライエントの病態水準をアセスメントしていく場合、表27に示す病態水準別の心理テストを実施することもある。その際、病院心理臨床経験が豊富なスーパーバイザー

表 27　各病態水準のアセスメントに用いる心理テスト

病態水準	アセスメントに用いる心理テスト
神経症	ロールシャッハテスト、MPI、MMPI、SCT、Y-G性格テストなど
パーソナリティ障害	ロールシャッハテスト、MMPI、バウムテスト、ソンディ・テスト、TAT、内田クレペリン作業テスト、ベンダー・ゲシュタルトテストなど
心身症	ロールシャッハテスト、バウムテスト、MMPI、TAT、CMI、P-F スタディなど
うつ病	ロールシャッハテスト、バウムテスト、MMPI、Y-G性格テスト、P-F スタディなど
統合失調症	ロールシャッハテスト、バウムテスト、ベンダー・ゲシュタルトテスト、TAT、MMPI、WAIS、ソンディ・テストなど
発達障害	WISC、WAIS、バウムテストなど

出所：長尾、2001

の指導をうけること、また、心理テストの結果だけで精神医学的診断を推測してはならないことに留意する必要がある。本書では、とくにキャリアカウンセリングを行ううえでキャリア形成上の問題が発見できるキャリア問題インベントリー（CPI：career problem inventory：石田、二〇一三）を付録としてあげている。

(4) 代表的青年期ケース

ここまでの内容をふまえ、ここからは具体的なケースをみていく。

① 高校生のケース「迷いから決断へ」

高校三年生　A子

問　題：母親は、自分が保育士であること

からA子に保育士になることを強く勧める。しかし、A子は、幼い頃から看護師になることを希望しており、クラス担任のほうは、時勢をとらえて臨床心理士を勧めてA子に迷いが生じる。

パーソナリティ：おとなしく、やさしい、人から好かれる。

家　族：父親はおとなしい会社員、母親は勝気でA子に支配的、下に外向的な中学二年生の弟がいる。

所属高校：公立高校普通科

面接担当：進路指導担当教師（女性）が一〇回面接。

〈面接過程〉

高校三年生の四月に進路指導室に自主来談し、上記のような進路のアドバイスからA子は迷いを感じ、しばしばどのコースの大学へ進学するかの葛藤を表現する（#1～3）。夏期に各コースの大学のオープンキャンパスがあり、進路指導担当教師のアドバイスもあって支配的な母親がオープンキャンパスにA子といっしょに行きたいという母親の意見を断ってA子ひとりでオープンキャンパスへ行く。そこでさまざまな疑問を各コースで尋ね、A子は納得する（#4～7）。迷ったあげくA子は、秋には、オープンキャンパス経験を参考にして看護学部を受験することを母親と担任教師に伝え（#8～9）、そのことを母親と担任教師に納得させて進路を決定する（#10）。

〈考　察〉

本書の第6章第1節で述べたように昨今の青年の親からの「自立」（independence）の課題は容易ではなく、長期の時間を要し、とくに女子の母親からの「自立」は相当な時間を要するといわれている（藤原ら、二〇一〇）。A子のケースは、母親からの「自立」と進路選択という二つのテーマをもったケースである。A子の「自立」したい意志は強いものの、支配的な母親のほうはA子からの「自立」に抵抗をもっていた状態がとらえられる。進路指導教師は、A子に母親から「自立」したい願望を母親へ伝えることを勧めて「自立」を促している。その結果、A子は、十分な言語表現力があることから母親に「自立」して進路を自ら決めたい意志を伝えることができた。

A子のように高校時の進路決定についてインターンシップやオープンキャンパスに参加してみることが重要である。A子は自分の抱いている職業イメージ、大学イメージと実際に進むコースの内容が一致しているかどうかをオープンキャンパスに参加して確認できた。

このように高校生のキャリアカウンセリングにおいては、親からいかにして「自立」していくかの課題が問題となることもある。また、自分にまつわる環境にいる人たち（親や教師）の考えとの比較検討や、インターンシップやオープンキャンパスを通して進路の検討をしていくことが重要であると思われる。

②　大学生のケース「対人交流が苦手な女子大生」　大学三年生　B子

問　題：中学、高校生時より不登校を示し、友人ができない。他者と会話をすると緊張するという訴えがあり、大学二年生時より大学の学生相談室でカウンセリングをうけながら同時に大学の就職相談室でキャリアカウンセラーと就職についてのカウンセリングを行う。

パーソナリティ：対人恐怖的、内向的、神経質、まじめ。

家　族：母子家庭で父親はB子が三歳時に離婚し離別する。母親はがんこ、内向的で、介護の仕事をしている。

所属大学：私立大学児童発達科保育士コース

面接担当：就職相談室のキャリアカウンセラー（男性）が、B子が大学二年生時より卒業するまで五五回面接。

〈面接過程〉

〈第Ⅰ期：学生相談室との連携〉（#1～10）

B子の相談は、学生相談室より紹介があった。B子がまだ二年生ということもあってキャリアカウンセラーは、就職について聞いていくよりも学生相談室のカウンセラーからのB子の情報を聞いてラポールを深めていく。B子は、とくに児童童話が好きであり、カウンセラーと童話の話をしていく。

〈第Ⅱ期：アルバイトの勧め〉（#11〜21）

学生相談室ではB子にSST（ソーシャルスキルトレーニング）を行って対人関係の慣れや緊張の緩和を主に行っていた。就職相談室ではそれにともなってB子に対人関係に慣らすために偶然にアルバイトの話があったことから、某会社のパソコン入力のアルバイトを勧める（#11〜12）。しかし、B子は不安が強くアルバイトを行うことに抵抗があった。そこでキャリアカウンセラーは、カウンセリング場面でB子にパソコン入力の実践を行わせる（#13〜18）。その結果、ようやくB子はアルバイトを行うようになり、B子は次第に働く喜びを覚えていく（#19〜21）。

〈第Ⅲ期：保育実習のサポート〉（#22〜35）

三年生になりB子は友人もひとりできた。しかしその頃、保育士の実習に参加しなければならなくなる（#22〜26）。B子は実習前の緊張や不安が強く、キャリアカウンセラーは、実習のレディネスをつけるためにメンタルリハーサルや前もって保育所の見学をすることを勧める（#27〜30）。その結果、B子は、実際の実習は思っていたよりも楽であったことを話す（#31～35）。

〈第Ⅳ期：就職先を探す〉（#36～55）

実習で自信を得たB子は、四年生となり、実際に就職先を探しはじめる（#36～42）。面接では、採用面接の練習や履歴書の書き方の指導、就職先の情報を与えることが主であったが、B子は次第に積極的になっていく（#43～44）。学生相談は三年生時に終える。三ケ所の保育所は不採用であったが、年末にB子の自宅近所の保育所に就職が内定し、B子は驚きと大きな喜びを表現する（#45～55）。その後、二年が過ぎているが、B子はその保育所で勤務していると聞く。

〈考　察〉

B子は、対人恐怖的であり、神経質という心の問題をもっている。このような学生に対しては、学生相談室とキャリアカウンセリングルームを併用した来談が必要である。

キャリアカウンセラーは、B子へカウンセリングの初期、表21に示すラポール形成上の技法であるクライエントのもつ興味との交流（児童童話の話）を行っている。その後、行動療法で用いるさまざまな技法が奏功している。

たとえば、①学生相談室でのSSTがB子の対人緊張を緩和している、②B子のパソコン入力のアルバイトの抵抗に対して、キャリアカウンセラーによるB子へのパソコン入力の観察学習（modeling）の促進が、アルバイトへ踏み切る力を生じさせている、③保育実習前のB子の不安に対してメンタルリハーサルをさせたり、前もって保育所へ訪問させたことがB子の実習への自信につながっている、④そしてキャリアカウンセラーが日常の勤務でよく行っているB子へ就職採用面接の練習や履歴書の書き方を教示したことがB子の就職につながっていることの四点があげられる。

アメリカのスクールカウンセラーは、生徒・学生の心の問題の解決への支援とともに進路についてのキャリアカウンセリングも行っている。わが国でもその必要性がとらえられる一例でもある。

③　大学生のケース「積極的不確実性に挑む」　大学四年生　C男

問　題：大学ではケースワーカーになるコースを専攻しているが、二年生時に現場見学へ行って自分にはケースワーカーは向いていないと考え、何となく「人のケアよりも建物の建築が好きで向いている」ととらえ、このままでよいのかの迷いがある。

パーソナリティ：外向的、理屈っぽい、直感を大切にする。

家　族：父親は鍼灸師、母親はその手伝いをしている。下に三人の弟がいる。両親ともC男に対して厳しい。

所属大学：私立大学福祉学部社会福祉コース

面接担当：C男は四年生時に来談し、就職相談室のキャリアカウンセラー（男性）が五回面接。

〈面接過程〉

上記の問題で記した「ケースワーカーに向いていないのではないか。大学で学んだことはムダだった。建築関係の仕事に就きたいが、それに向いているのか不安」といった葛藤をくり返して述べる。カウンセラーは、C男の葛藤をうけとめていく（#1～2）。三回目に「思いつきの仕事は、それでよいという確証がない」というので建設会社の会社説明会に何度も参加してみることを促す。その後、C男は「思いつきの仕事は当たっていた」と希望をもち、「何でも挑戦してみないとわからない」「大学二年時より建築雑誌を読んでいたことが役立った」という（#3）。一一月に某建設会社に内定し、翌年四月C男はその会社へ入社する（#5）。

〈考　察〉

寺田（二〇一四）による高校生時から大学生時までの縦断的調査によれば、高校入学時に希望していた就業内容は、大学生時になれば大きく変化することが明らかにされている。C男も大学入学時に専攻した社会福祉コースから二年生の時には、建築関係に就きたいという希望に変化している。

また、C男は、表12の⑵、⑶、⑸に示すクルンボルツら（二〇〇四）のいう「計画された偶発性」をつくり出す行動を示しており、また、ジェラット（一九八九）のいう未来は想像され発明するものととらえ、主観的、直感的なストラテジーを行い、いつも夢をもって探索的決定をしていく「積極的不確実性」に挑むという態度が奏功していると思われる。

2　成人・中年期

⑴　成人期・中年期のキャリア発達課題

レビンソン（一九七八）は、成人期・中年期の発達課題として、①二〇歳代は、新米成人時代ととらえ、暫定的な人生計画を立てること、②三〇歳代は、家庭を構えること、③四〇歳代は、自分の居場所の確保をあげている。

本節では、キャリアという視点から二〇歳代の入社適応について、三〇歳代の内省力の高まりからキャリアの意味を考えることについて、四〇歳代と五〇歳代の中年期（middle age）の危機（転機：transition）についてのそれぞれにふれたい。

わが国の二〇歳代のキャリアの問題として、第3章第2節で述べたように離職率が高いことがあげられる。新入社員の離職状況を「7・5・4・3現象」と呼ぶ。つまり、中卒で七割、高卒で五割、短大卒で四割、大学卒で三割が離職しているという（関総研、二〇〇八）。離職の理由としては、①給与の不満（三四・六％）、②仕事上のストレス（三一・七％）、③会社に将来性がない（二八・三％）などがあり（関総研、二〇〇八）、尾野・湯川（二〇一〇）の研究では、二〇歳代の離職は他者のキャリアとの比較をすることによって生じやすいことが示されている。とくに高卒の入社一年以内の離職は、毎年三万人にも及んでいる（厚生労働省、二〇一四）。

入社前にその企業の情報を十分取り入れ、企業が現実的に仕事情報の事前開示をするRJR（realistic job review）を理解しておくことは離職を防ぐことにもつながりやすい。金井（二〇〇二）はRJRの効果について、①過剰期待を事前に緩和し入社後の幻滅感を和らげる、②入社後の役割期待をより明確かつ現実的なものにする、③自己選択、自己決定を導く、④入った組織への愛着や一体化の度合いを高めるなどをあげている。

キャリアを積むうえで世話になる人をレファレントパーソン（referent person）といい、とくに新入社員は最初の上司との相性のよさの影響が強いという（金井、二〇〇二）。また、フェルトマン（一九八八）は、職場集団にメンバーとして認めてもらうことと職場の課題をきちんとこなせるという二つの入社初期の加入儀礼（group initiation）の通過の重要性を取りあげ、職種によってメンバーとして認めてもらうか、それとも課題が達成できるかの優先順位が異なることを明らかにしている。このようなことから、離職を防ぐためには、よきレファレントパーソンとの関わりや加入儀礼の通過が重要であると思われる。

中西（一九九五）による二〇歳代から五〇歳代までを対象としたエリクソンの心理社会的発達尺度を用いた調査結果では、三〇歳代から四〇歳代にかけては内省力が高まることが明らかにされている。また、連合（二〇〇五）による二〇歳代後半から三〇歳代を対象とした仕事観に関する調査結果では、①仕事よりも趣味やレジャーを優先（七八・一％）、②仕事は生計維持の手段にすぎない（五八・六％）、③よい転職先なら会社をやめてもよい（五三・三％）という回答が示されており、三〇歳代のキャリアに関しての柔軟な考え方がとらえられる。シーヒー（一九七四）は三〇歳代半ばから四〇歳代半ばまでの一〇年間を最終的なキャリアゴールを定める時期といっている。

臨床家のユング（一九六四）は、四〇歳代を人生の分岐点である「人生の正午」ととらえ、ジェイキューズ（一九六五）は、この時期に今までの人生をとらえ直し、一時的なつまずき、とくに抑うつ状態が生じることを中年期の危機（mid-life crisis）といっている。しかし昨今では、寿命が長くなったことからこの四〇歳代の中年期の危機が五〇歳代で生じる例も多い。シュロスバーグ（一九八四）は危機（crisis）という語をキャリアの転機

（transition）という語に置き換えて、この転機には、①「予期せぬ転機」である解雇、失業、昇格、昇給など、②「自ら決めた転機」である転職、転勤、異動、結婚、離婚など、③「発達的転機」である加齢、子どもの自立、定年退職などの三つがあることをあげている。そしてこの転機をうまく乗り越えるために図９に示した四つのチェックがあげられる。

（2）よい職場とは

木村（二〇一〇）によれば、快適な職場とは、①人材育成、②人間関係、③仕事の裁量性、④処遇、⑤社会とのつながり、⑥休暇・福利厚生、⑦労働負荷がよい職場のことをいうと定義している。

職場の満足感に関しては、雇用者の人間観によって大きく左右されやすい。表28は、雇用者のもつ人間観が性悪説（X理論）か、あるいは性善説（Y理論）かによって職員の管理のあり方が異なるというマクレガー（一九六〇）のXY理論を示したものである。表28のX理論の経営者は、主に中小企業や経営者が世襲制である企業に多く、また、Y理論の経営者は主に大企業に多い。

一方、アルダーファ（一九七二）は、ERG理論のなかで、働く者の側の職場における欲求は、成長（growth）、関係（relatedness）、生存（existence）の三つに大別され、表29

表28　X理論・Y理論の考え方

X理論	(1)ヒトは生来仕事が嫌いで怠慢である (2)たいていのヒトは強制、統制、命令、処罰することがなければ企業目標達成のために能力を発揮しない (3)普通のヒトは受け身で、責任を回避したがり、あまり野心をもたず、何よりも安全を望んでいる	統制、指導、命令による管理が中心
Y理論	(1)仕事で心身を使うことは遊びや休憩と同じで自然なことである (2)外からの圧力がなくても自分が認めた組織の目標のためには、自ら自分にムチを打って働くものである (3)目標達成のために貢献するかは、それを達成して得る報酬次第である（報酬で重要なのは自己実現の欲求の満足） (4)普通のヒトは、条件次第では責任を引き受けるばかりか、自ら進んで責任を取ろうとするものである (5)企業内の問題を解決するための想像力や創意工夫する能力はたいていのヒトに備わっているものである (6)現代企業では、従業員の知的能力の一部しか生かされていない	統制、指導、命令による管理が唯一絶対ではない。状況に即した管理が必要になる（目標管理、参画的経営、権限移譲などによる動機づけ向上のための施策へ発展）

出所：マクレガー、1960

に示す欲求を満足させることを重視している。表29のE、R、Gの欲求の均衡が重要であり、一般にEが不満であってもRの欲求が充足しているために働いたり、あるいはGの欲求が充足していなくてもEの欲求が充足しているために働いているという例がある。また、E、R、Gのそれぞれの欲求は、そのヒトの価値観とも関連している（とくにケースQ男を参照）。

また、ハーツバーグ（一

表29　ERG理論の職場における欲求

ERG	労働場面での欲求
成長G	・人間らしく生きることや成長を求める欲求 ・自分や職場に対して創造的、生産的であろうとする欲求
関係R	・人間関係（上司・同僚）の維持と発展を求める欲求
生存E	・賃金・物理的労働条件

出所：アルダーファ、1972

表30　職場の満足感を高める要因と不満を高める要因

満足感を規定する要因の種別	内　容	機　能
動機づけ要因	達成、承認、仕事そのもの、責任、昇進の望ましさ	満足感を高め、仕事への動機づけを促進
衛生要因	会社の政策と経営、監督、給与、対人関係、作業条件の望ましさ	不満を低めるが、仕事への動機づけと無関係

出所：ハーツバーグ、1966

九六六）は、表30に示すように職場の満足感を高める要因（動機づけ要因）と不満を高める要因（衛生要因）とを区別して取りあげている。表29と表30の違いは、ハーツバーグ（一九六六）は、表29のEとR、Gとを別個なものとしてとらえ、仕事への動機づけは賃金や物理的労働条件とは無関係であるととらえている。この違いもその時代の経済状況が影響してくると思われる。

わが国の自己都合退職の理由の多くは、会社の将来性への不安、仕事内容への不満、労働条件の問題があることが明らかにされている（厚生労働省、二〇〇七ａ）。また、金井（一九九四）による働く女性に対する調査研究では、

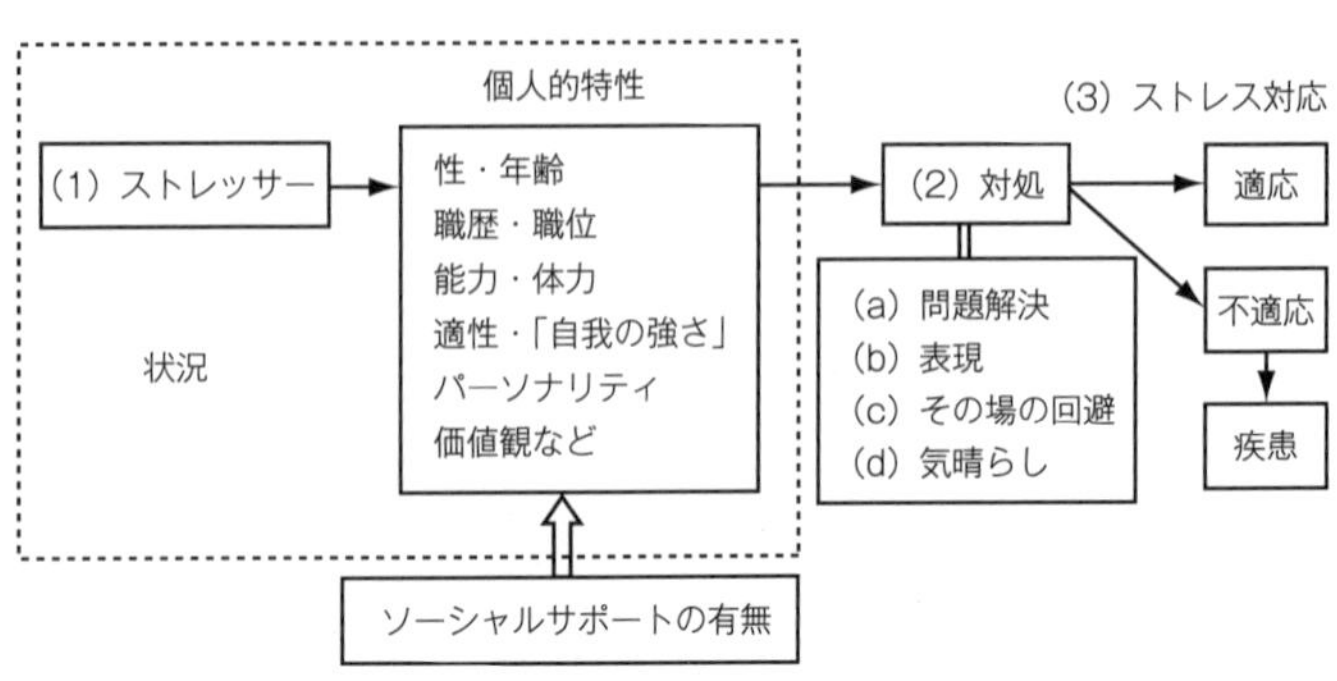

図 11　職場でのストレス反応過程

注：「自我の強さ」については表18を参照。「ソーシャルサポーター」とは、親、友人、教師、カウンセラーなどの心の支えとなる対象をいう。

転職に関しては女性差別的環境が大きく影響し、退職に関しては仕事への動機づけの乏しさが大きく影響していることが明らかにされている。

(3) ストレスマネジメント

ラザラス（一九八三）によれば職場ストレス（career stress）とは、職場における職務ストレッサー（stressor）と引き起こされる一次的なストレス結果との間に位置する個人内の情動的変化と定義されている。

図11は、ラザラスとフォークマン（一九八四）のストレス過程理論にもとづいて職場でのストレッサーを認知し、個人がそれをどのように対処方略（coping）し、その結果、どのようなストレス反応が生じるかを示したものである。図11の(1)のストレッサーの原因と分類については表31に示すものがあ

表31　職業性ストレスの原因と分類

仕事のストレスの原因となる諸要因	
作業内容および方法	(1)仕事の負荷が大きすぎる。あるいは少なすぎる (2)長時間労働である。あるいはなかなか休憩時間がとれない (3)仕事上の役割や責任がはっきりしていない (4)労働者の技術や技能が活用されていない (5)繰り返しの多い単純作業ばかりである (6)労働者に自由度や裁量権がほとんど与えられていない （仕事のコントロールが低い）
職場組織	(1)上司・同僚からの支援や相互の交流がない (2)職場の意思決定に参加する機会がない (3)昇進や将来の技術や知識の獲得について情報がない
職場の物理化学的環境	(1)重金属や有機溶剤などの暴露 (2)換気、照明、騒音、温熱 (3)作業レイアウトや人間工学的環境

注：現在、わが国では基準となる平均労働時間が検討されている。
出所：川上・原谷、1999

げられ、図12は、とくに多いストレス内容を示したものである。

図12から「人間関係の問題」が頻度の高いストレッサーであることがわかる。この「人間関係の問題」について具体的にどのような原因で悩み（葛藤）が生じているのかについては、表32に示す内容がある。ここからわかることは、職場内でのストレスや葛藤を生じさせないためには、入社前から礼儀・ことばづかいや仕事に対する姿勢など、職場に対応するために、「形」から入っていく教育が必要であるといえる。一方、ストレス解消法（図11の(2)対処の気晴らし）については、重複回答であるが、①睡眠や休息をとる（七二・九％）、②飲酒（三二・五％）、③テレビやラジオで紛らす

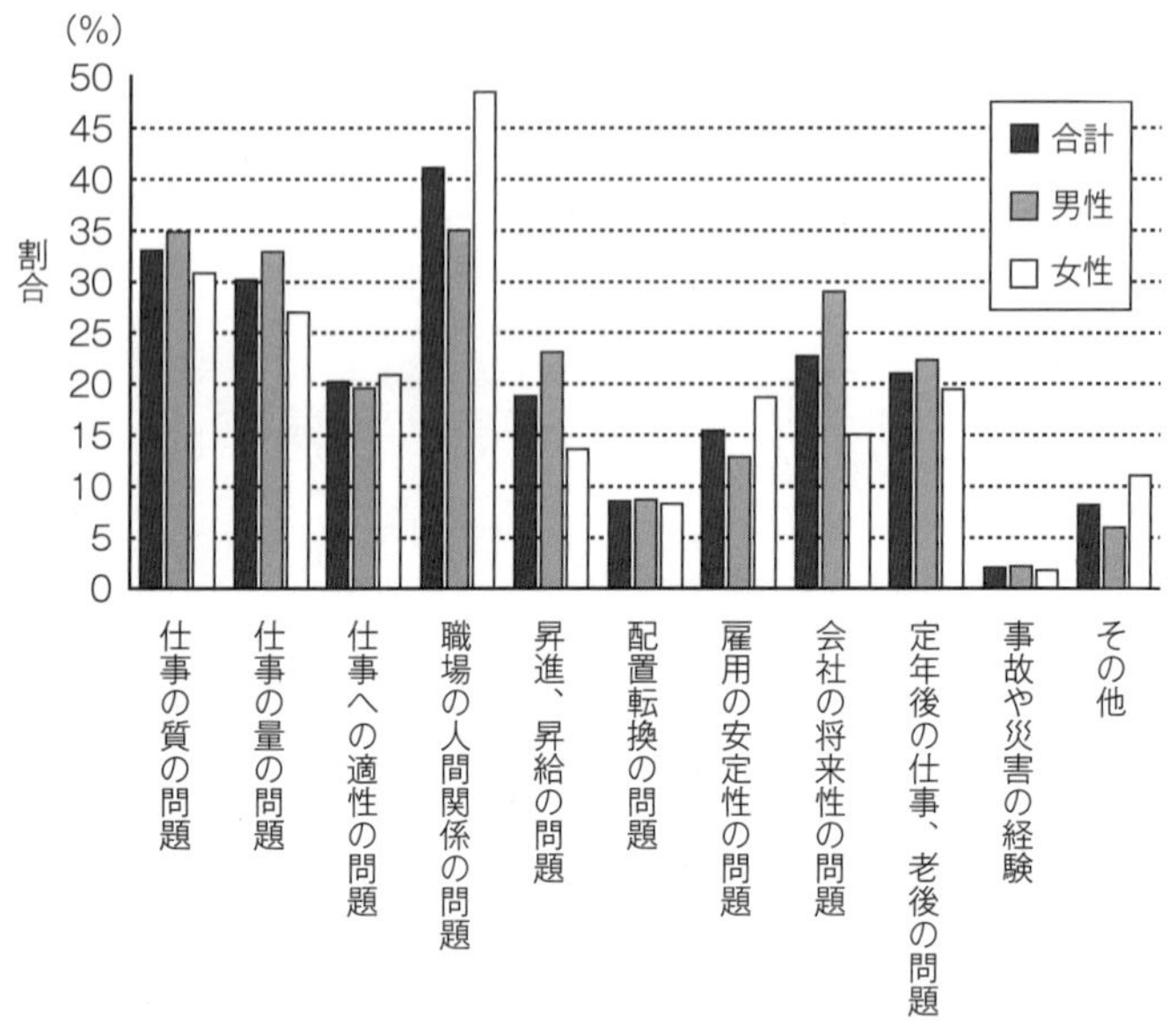

図 12　職場ストレスの内容

出所：厚生労働省、2013

（二七・四％）、④スポーツをする（二九・九％）、⑤ドライブや旅行をする（三一・二％）などの方法が明らかにされている（厚生労働省、二〇〇七a）。一般にストレス解消法は多く身につけておいたほうが望ましい。

高田・小杉（二〇〇六）の企業従業員の対処方略の研究結果では、職場ストレッサーを仕事の目的が明らかでない、仕事に興味がないという「質的負荷」の強いものと、仕事が多い、仕事の時間が足りないという「量的負荷」の強いものとに分け、それぞれのストレッサーへの対処を検討している。前者

表32　職場内で起こる対人葛藤の原因

1．礼儀・ことばづかいに関すること	48%
2．仕事に対する姿勢や努力に関すること	45%
3．性格や価値観に関すること	44%
4．業務の説明の過不足に関すること	41%
5．仕事の成績や進行スピードに関すること	32%
6．就業時間に関すること	26%
7．飲酒・禁煙に関すること	20%
8．昇進や配置などの処遇に関すること	19%
9．給与・賃金に関すること	18%
10．会社の経営方針に関すること	17%
11．服装や身だしなみに関すること	14%
12．セクハラに関すること	12%
13．異性問題に関すること	9%
14．金銭の貸し借りに関すること	3%
15．その他	4%

出所：大西、2002

のストレッサーに対しては「相談」（表現する）という対処が、後者のストレッサーに対しては「問題解決」という対処が、また、質的、量的負荷の両方強いストレッサーに対しては「回避」（休職や退職など）という対処が望ましいことが明らかにされている。

ところで昨今、厚生労働省は、わが国の企業に対して労働者の「ストレスチェック」を実施する制度を制定している（二〇一四b）。図13は、ストレスチェックの流れを示したものである。

（4）職場内の人間関係の問題

成人のキャリアカウンセリングにおいて、そのカウンセラーは企業内の産業カウンセラーか、あるいはキャリアコンサルタントであ

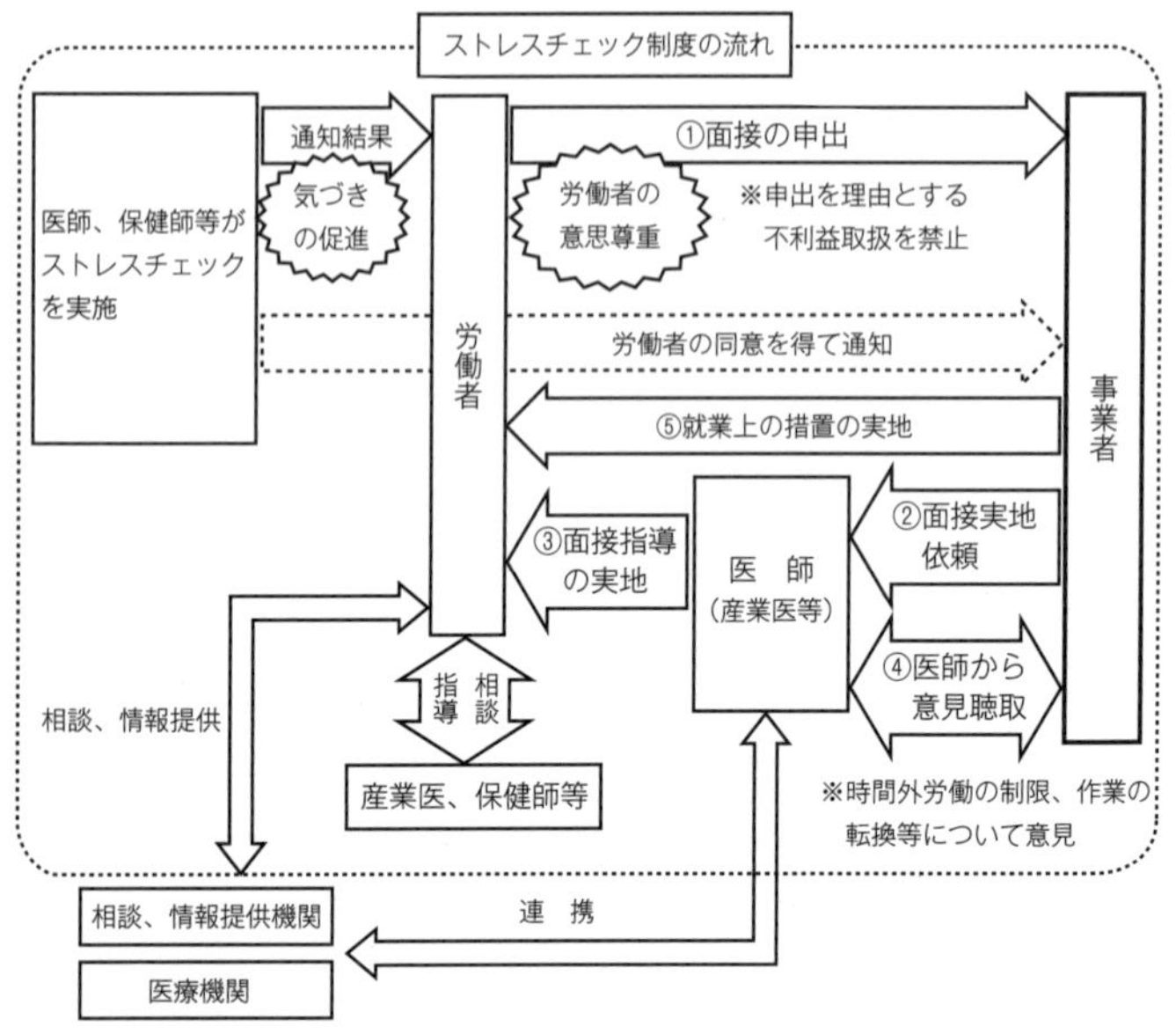

図 13　ストレスチェック制度

出所：厚生労働省、2014

ることが多い。また、所属も企業内の人事部門に所属していることが多い。成人のキャリアカウンセリングの内容は、主に①精神医療を必要とするメンタルヘルスに関するもの、②個人の人生相談（家庭、経済、結婚、子育てなど）、③職場内の人間関係の問題（人事、転職、異動、退職、ハラスメント、上司や部下との関係、会社への苦情や不満など）の三点に大別できる。

　このように相談内容が多岐にわたることから、キャリアカウンセリングにおけるアセスメントは、図14に示すように、クラ

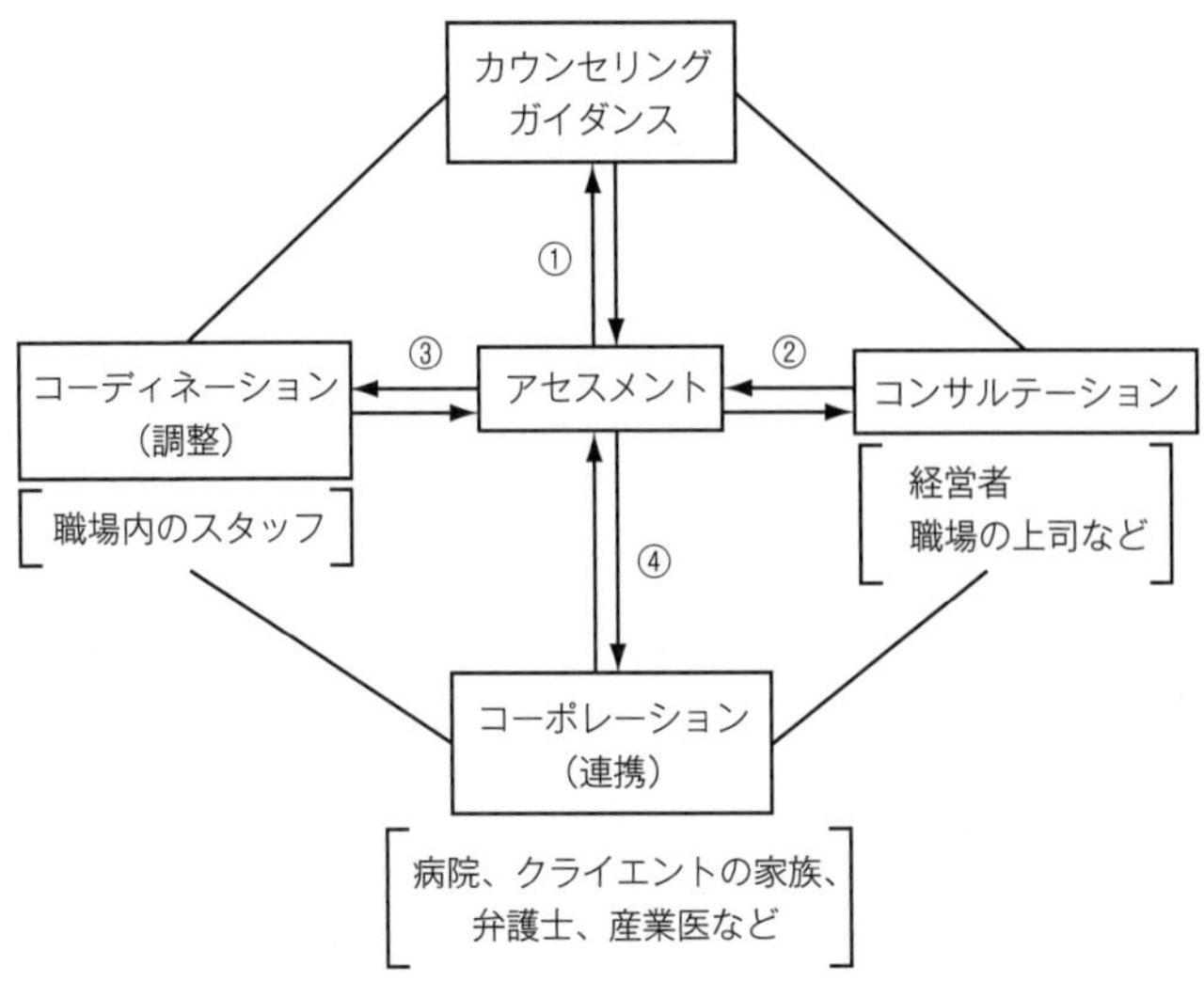

図14　企業内キャリアカウンセラーのキャリアカウンセリングの仕事

イエントと一対一のカウンセリングやガイダンスのみならず、カウンセラーは、クライエントが所属する職場内のスタッフ、クライエントの家族、病院、弁護士、産業医などとの関わりを必要とする。このようなことから、企業内のキャリアカウンセラーは、臨床心理学、精神医学、社会心理学、経営心理学、法律などの幅広い知識が必要とされる。

とくに表32に示すような職場の人間関係の悩みを扱う場合には、その悩みの背景にある要因や原因について理解することが重要である。カウンセラーは、図15に示すクライエントの個人的要因が強いのか、それともクライエントにまつわる環境的要因が強いのかのアセスメントが

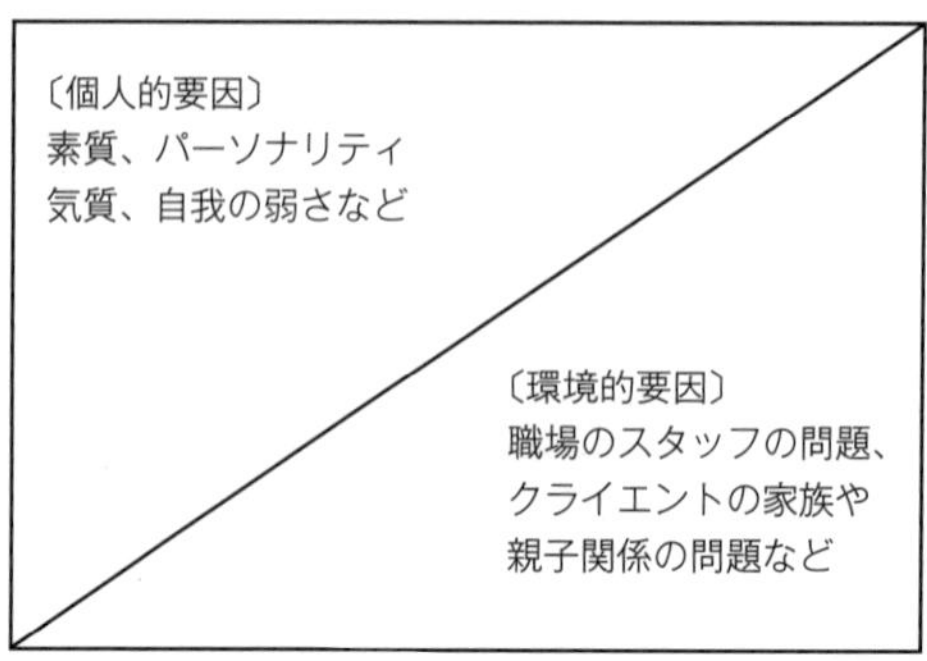

図15　人間関係の悩みの影響要因

注：「自我の弱さ」については表18を参照。アメリカでは環境的要因については、主にケースワーカーが担当し、個人的要因については、主にカウンセラーや精神科医が担当する。

必要である。

このアセスメントによってクライエント個人の心を変化させるのか、それともクライエントにまつわる環境を変化させるのかは状況を判断して決定する。図14に示す、①のカウンセリングやガイダンスによってクライエントの心を変化させたり、環境的要因を変化させるために、②の企業、職場の経営者や上司とクライエントについての「コンサルテーション」をしたり、③のクライエントの職場内のスタッフとクライエントとの仲介役としての「コーディネーション」をしたり、また、クライエントの相談内容が心の問題の治療が必要であったり、クライエントの家族の協力が必要であったり、あるいは法律に関わる相談の場合には④のクライエントの職場と病院、クライエントの家族、法律事務所との「コーポレーション」を行っていく必要がある。

その際のクライエントとの関わり方は、来談当初は、表9に示す基本的技法を用いてクライエントとのラポールを深めることが重要である。その後、クライエントの環境的要因の変化をねらう場合には、その改善を行うと同時に表17に示す心理療法の基本的技法の主に「表現」や「支持」を行っていく。クライエント個人の心の変化をねらう場合には表17の主に「訓練」や「洞察」をねらうことが多い。

個人の変化をねらうか、環境の変化をねらうかの判断に迷うのはパワーハラスメントの問題がある。とくに職場でのパワーハラスメントには、表33に示すものがあり、ハラスメントの相談は、表34に示す面接確認事項を用いていく必要がある（葛ら、二〇一四）。

成人のキャリアカウンセリングのポイントは、二〇歳代や三〇歳代のクライエントの場合には、①仕事や働くことの意味を考えさせること、②一定の職場で長く勤務できるような現実吟味能力の育成が重要であり、また、四〇歳代や五〇歳代のクライエントの場合には、①どのような老後を過ごすのかのイメージの明確化、②そのクライエントの体力はどのくらいあるかが重要である。いずれの年代も青年期キャリアカウンセリングと異なる点は、図5の右の「生涯を通したキャリア」のとらえ方をし、比較的短期間のカウンセリングで終える必要があることである。死を最終ゴールとした「生涯を通したキャリア」は、

表 33　職場でのパワーハラスメント

1．暴行・傷害など身体的な攻撃
2．侮辱・暴言など精神的な攻撃
3．隔離や無視をすること
4．不可能な仕事を強制すること
5．能力や経験とかけ離れた仕事を命じることや仕事を与えないこと
6．プライベートに過度に立ち入ること

出所：厚生労働省、2012

表 34　ハラスメント相談の初回面接の確認項目

○クライエントの身分
○主訴
○ハラスメントと思われる事象
・いつ、どこで、何が起きたか
○現在の状況
・クライエント自身がどのように対処しているか、対処してきたか
・相手方との物理的、精神的関わりの密度
○問題が起きている組織内の人物相関図
・誰かに相談したか
・周囲からのアドバイス
・力になってくれそうな人がいるか
○相手方について
・相手の身分、人物像
・どのようなときにハラスメントと思われる行為があるかなどの行動パターン
・相手方と周囲の者との関係
○心身状態の確認
・出勤・登校できているかどうか
・保健管理室（内科と精神科の医師が常駐）を紹介する必要があるかどうか
○クライエントの希望の確認
・希望と心身の状態に合わせ、提供できる援助の説明
○継続相談の意志の確認

出所：葛ら、2014

成人期以後、社会、経済変動に影響を受けることから各時期を区切った短期間のキャリアカウンセリングが着実性を生みやすい。

(5) 代表的成人・中年期ケース

ここまでの内容をふまえ、具体的なケースをみていく。

① 二〇代後半のケース「進めプロテウス」 二五歳　D男

問　題：D男は、歴代、皆、学校の教師であるという家庭に育つ。D男も大学の教育学部を卒業し、ある高校の理科の教師として三年間勤務していたが、社会が激しく変化していく情報を察知して、大学生時より得意であったパソコン操作を活かしてＩＴ産業に勤めたい気持ちが高まってくる。両親はそのことに反対するが、どうしても転職したいと思いはじめる。

パーソナリティ：明るい、内向的、考えることが好きなタイプ。

家　族：両親は教師をしていた。両親の親たちも教師であった。両親はD男に対して厳しい。D男の弟も教師をしており、仲はよい。

現在の職場：公立高校の理科を担当している。職場には何も問題はないという。校長も同僚もＤ男が転職することに反対する。

面接担当：某大学所属の心理教育相談室のカウンセラー（男性）が一四回面接。

〈面接過程〉

〈第Ⅰ期：葛藤期〉（＃1～5）

Ｄ男は、問題で記した葛藤をくり返し述べていき、心の整理をつけようとしていく。カウンセラーは、転職した場合のプラス面とマイナス面をＤ男に整理させていく。プラス面としては「本当に自分のやりたいことができる」、マイナス面としては「ＩＴ産業の就職ができないかもしれない。就職しても失敗するかもしれない」という点であった。

〈第Ⅱ期：今までの生いたちをふり返る〉（＃6～10）

Ｄ男は、出生から今日までの親子関係や友人関係をふり返り、親の影響が強かった人生を客観的にとらえていく。「つくられた人生かも」などといい、「人生の脚本は、自分でつくるものですね」ともいう（＃6）。また、流浪の人生を送った伯父の話もする（＃7～10）。

〈第Ⅲ期：自分と社会のフィット〉（＃11～14）

Ｄ男は、ＩＴ産業やＩＴの知識は豊富であり、「社会はこれからＩＴですよ」とカウンセラーに説いたり、親には一応、説得できましたと述べ、実際にＩＴ産業の就職活動を行っていく（#11～13）。その後、大企業のＩＴ産業へ就職していく。しかし、面接の後半では、「この会社に定年退職までとは考えてはいません。だって社会はこれからどう変わるかわかりませんから」という（#14）。

〈考　察〉

わが国における親からの職業継承性についての調査研究では、自分の父親が教師であった者の多くは自らも教師になっているという結果が報告されている（田中・小川、一九八五）。ホランド（一九七八）は、この現象を親とのパーソナリティの類似性によるものととらえている。開業医師の子どもも職業継続性が強い。エリクソン（一九五〇）のいう早期完了（foreclosure）、つまり、人生の早い時期から職業アイデンティティ（occupational identity）を決めているタイプも職業継続性と関連がある。自らの意思ではなく親のレールに乗ってきた早期完了タイプの者は、人生で予期せぬ出来事が生じた場合、その対応がまずく不適応に陥りやすいことや楽観主義（optimism）の人生観や依存性が強いといわれている（長尾、二〇一六）。しかし、社会変動の激しい現代では、Ｄ男のように「プロテウス」的生き方もあると思われる。プロテウス的生き方とは、表14のプロティアンキャリアに相当し、自分を社会変動に照らしてキャリアを定める生き方である。今後、このような青年が増えていくのではなかろうか。

②　三〇代のケース「対人認知の修正を行う」　三五歳　E子

問　題：E子は、高校卒業後、保険会社の事務を今日まで勤めている。入社当時より、社内で自分の悪いうわさをされているのではないかという悩みがあり、社内では親しい社員はいなかった。産業カウンセラーの所に来談し、社内のうわさが気になり、夜も眠れず、辞職しようかという相談をする。

パーソナリティ：内向的、過敏、神経質、がんこ。

家　族：父親はアルコール依存症で妻（母親）へ暴力をふるうこともある。母親は、E子に幼い頃より過保護で支配的であった。弟は、外向的で他県で結婚して働いている。きょうだい仲はよくはない。E子は両親と同居し、独身。

職　場：六名がいる事務室で働いている。上司（三二歳、男性、E子よりも年下）と他はE子より若い女性。入社した頃からE子は孤立していた。

面接担当：大手保険会社の産業カウンセラー（四二歳、女性）が二一回面接。

〈面接過程〉

〈第Ⅰ期：仕事をやめたい〉（#1～8）

E子は、いきなり職場の同僚や上司から「馬鹿にしたようなかげ口」をいわれると何度も訴える。カウンセラーは、E子のつらさをうけとめながらしばらく聞いていく（#1

～3)。四回目にE子は、「今の職場をやめたい」というのでカウンセラーは、「すぐ辞職願を出すよりもどうしたらよいか考えていきましょう」と促す。

その後は、E子のいう同僚や上司のいった「かげ口」について詳しく聞いていった(#4～8)。カウンセラーは、E子のいう「かげ口」は事実ではなくE子の邪推ととらえた。

〈第Ⅱ期：問題を具体化していく〉(#9～12)

E子が、毎回、同じような訴えをするのでカウンセラーは、「かげ口」は、①いつから、どのような状態で生じ、②それにどのように対処してきたか、③あなたは、理想としてどうなったらよいかについて具体的に聞いて整理させていく。すると「かげ口」の内容は、未婚であることの悪口であることがわかった。それは、入社した当初からあり、昼休みの静かな時に聞こえ、何もいわずにそれにただ耐えてきたこと、また、自分が上司より年上であることから将来は、上司より上の身分になり、同僚をつかいたいという理想があることがわかってきた(#9～12)。

〈第Ⅲ期：「かげ口」の確認とその対処をする〉(#13～16)

E子の「かげ口」は、買い物をしているスーパーやデパートといった人込みのなかでも聞こえる気がするという(#13)。

そこでカウンセラーは、まずは「かげ口」をいっているかどうかの確認をスーパーやデパートに行って「かげ口」をいっている人らしき人に近づいて「かげ口」を実際にいっているかどうかの確認を行うという「ホームワーク」を勧めた（#14）。E子は、ホームワークを何度も行い、「いわれていない感じ」から次第に「いわれていない」という断言をするようになった（#15～16）。

〈第Ⅳ期：これでやっていけそうです〉（#17～21）

カウンセラーは、E子のいう「かげ口」の確認を勇気を出して職場で行うように勧めると、昼休みに同僚と思いきっていっしょに食事をとりはじめる。その場で個人的な話やふれ合いが初めて生じ、次第に「かげ口」はE子の思いこみであったことに気づきはじめる（#17～19）。

その後、上司以外の同僚は、E子が未婚であることを初めて知ってE子に近づいてくる。また、仕事が上手にできるE子は、同僚に仕事の方法を教えられる仲となり、E子は、「これでやっていけそうです」というのでカウンセラーは、面接を終える（#21）。

〈考　察〉

先に紹介した図12からも職場性ストレスのなかで人間関係の問題が最も多いことがわかる。この人間関係の問題のなかには、個人の他者に対する主観的な思いこみによってE子のような悩みを生じさせているケースもある。従来の産業カウンセリングでは、表9に示

表35　歪んだ認知の代表例

1. 感情的決めつけ
証拠もないのにネガティブな結論を引き出しやすいこと「○○に違いない」
2. 選択的注目（こころの色眼鏡）
良いこともたくさん起こっているのに、ささいなネガティブなことに注意が向く
3. 過度の一般化
わずかな出来事から広範囲のことを結論づけてしまう
4. 拡大解釈と過小評価
自分がしてしまった失敗など、都合の悪いことは大きく、反対に良くできていることは小さく考える
5. 自己非難
本来自分に関係のない出来事まで自分のせいに考えたり、周囲を必要以上に自分に関連づけて、自分を責める
6. “0か100か”思考（白黒思考・完璧主義）
白黒つけないと気がすまない、非効率なまで完璧を求める
7. 自分で実現してしまう予言
否定的な予測をして行動を制限し、その結果失敗する。そうして、否定的な予測をますます信じ込むという悪循環

注：認知変容には、①ホームワーク、②セルフモニタリング（自己のとらえ方を自分でみていく）、③何度も修正していく訓練が必要である。
出所：厚生労働省、2009

したクライエント中心カウンセリングの技法を用いてクライエントに主観的な思いこみについての自己洞察を促すことが一般的である。しかし、この方法では解決までに時間ががかかる。今日の臨床現場では、歪んだ対人認知を訓練して修正していく認知行動療法（cognitive behavior therapy）が注目されている。表35は歪んだ対人認知の代表例である。

E子のように問題をもつ父親、過保護に関わる母親のもとで育ったケースは、甘え、依存性を強くもつものの、そ

れを抑圧してとかく被害的な対人認知を形成しやすい。E子が三五歳で独身であるという劣等感も歪んだ対人認知を生み、「かげ口」をいわれているのではないかという敏感性妄想（Sensitive paranoia）を生じさせている。しかし、統合失調症の「被害妄想」（delusion of injury）に対してこの歪んだ対人認知の修正を適用しても改善できないことが多い。したがって、表18の自我の強さをとらえる基準を参考にした治療者による正しい病態水準のアセスメントが必要である。

E子の面接においては、ラポール形成後、簡単なホームワークによって対人認知の修正をはかり、その後、職場にその方法を適用させたことが功を奏したと思われる。

③　四〇代のケース「家事と仕事との葛藤からの解放」　四五歳　F子

問　題：F子は、高校卒業後、看護師の仕事を長く勤めている。また、仕事を休みがちで家事を手伝わない夫と中学一年生の障害児の女児、それに介護が必要な夫の父親（八五歳）と同居していた。ここ数年間、F子は、仕事と家庭での家事、教育、介護に多忙で疲れ果てていた。

パーソナリティ：まじめ、勝気、外向的、体力に自信がある。

家　族：F子の母親も看護師で妹二人も看護師をしている。父親は、会社員で長女のF子をとくに可愛がっていたが、二年前に死亡している。

職　場：二〇〇床程度のある入院できる病院でＦ子は師長をしており、数名の看護師が部下にいる。夜勤もある。

面接担当：Ｆ子が勤める病院の臨床心理士（三〇歳代、男性）が一五回面接。

〈面接過程〉

〈第Ⅰ期：混乱期〉（＃1～7）

当初は、Ｆ子の多重役割の混乱と疲れの訴えが強かった。たとえば、職場から家庭へ帰ったＦ子は、何もしていない夫や子どもを前に慌ただしく家事を行い、次に障害児の子どもに宿題をさせて、その間に義父のトイレ、食事、就寝などの介護を行い、また、夫の職場で生じた愚痴も聞くといったハードな内容であった。カウンセラーは、Ｆ子のつらさを受けとめていった。

〈第Ⅱ期：多重役割の整理をする〉（＃8～13）

八回目以降は、Ｆ子の多重役割を軽くしていくことをねらい、まず、夫に家事を支援してもらう話をしていき（＃8）、障害児の子どもの教育については、近隣にある障害児相談センターへ通って相談してみること（＃9）、また、義父の介護については、介護施設のショートステイや訪問介護の支援をうけるというように整理をしてみた（＃10～12）。

また、F子の師長という多忙な仕事についても各病棟の看護師長の支援をあおぎ、F子の職務を緩和していくことを試みた（#13）。

〈第Ⅲ期：生活に気概が生じる〉（#14〜15）

多重役割を整理していったF子は、「スッキリしてきた」「何とかやれそうです」「この頃は、それぞれの役割を行ううえでスイッチの切り換えが早くでき、やる気が出てきました」という。夫は、F子の気概をとらえて、仕事を休まなくなる。カウンセラーは、同じ職場に勤めていることもあり、「ひとまず面接を終えますが、また、何か困ったら相談してください」といって面接を終える。

〈考　察〉

わが国の働く女性の中でF子のような家事と仕事との葛藤をもった女性は多いと思われる。働く女性の職場から家庭へ、家庭から職場へのスピルオーバー効果（spillover）については以前から研究され（クロウター、一九八四など）、多重役割に関して抑うつ状態をまねくという欠乏仮説（グーデ、一九六〇）と、かえって精神的身体的に健康になる増大仮説（シーバー、一九七四）とがある。とくに前者の欠乏仮説に対しては、夫の家事育児のサポートが重視されている（小坂・柏木、二〇〇七）。

F子のケースも夫に家事のサポートをしてもらうことを話し、実際に手伝いを始めたことは、F子のストレスを軽減させたと思われる。また、F子の本来もつ勝気さや体力の自信は、ストレスが軽減された結果、以前よりも精神的にも身体的にも健康を増大させ、F子に気概を生じさせたと思われる。

F子のケースでは、家事を手伝わない夫に象徴されるわが国の男女共同参画社会不全の問題がとらえられる。男女平等の度合いをみるGGI（gender gap index）は、わが国の場合、一四四カ国中で一一一位であり（世界経済フォーラム、二〇一七）、男女共同参画社会を確立していくまでには今後、多くの課題があると思われる。

また、F子が「看護師」であるという、他者への貢献を重視する仕事を行っている個人的事情も多重役割を背負いこむ背景にあったと思われる。

④　五〇代のケース「燃えつきまじめタイプから適当男へ」　五〇歳　G男

問　題：G男は、進学校である高校の英語教師で早朝の補習、正規の授業、放課後の補習も行い、若い教師から尊敬され、仕事を多く、丁寧に行っていた。ところが、学年主任や校外の英語研究会の司会などの仕事も増え、不眠に陥り、うつ状態になる。そのため精神科クリニックへ通院してうつ状態の治療を行う。

パーソナリティ：まじめ、几帳面、ものごとに対しては、徹底的に行う。

家　族：両親が教師の家庭で育ち、妻も教師をしている。子どもは三人いて、三人とも受験中心の中学と進学校である高校へ通っている。家族は、簡単に自分の弱みをいわない特徴がある。

職　場：進学校で大規模の高校である。校長や教頭は、G男が優秀な教師であることから多くを期待している。また、後輩の教師もG男によく相談をもちかけていた。

面接担当：精神科クリニックの臨床心理士（四〇代、男性）が一三回面接。

〈面接過程〉

〈第Ⅰ期：休養期〉（#1～4）

G男は、当初、不眠、抑うつ、食欲不振がみられ、希死念慮もあることから主治医は、二ヶ月の休職を勧める。休職中のカウンセラーとの面接は、自律訓練法を行い、リラックスを促す。

〈第Ⅱ期：問題を明確にする〉（#5～8）

少し抑うつ状態が除去され、不眠、食欲不振が回復したことから、カウンセラーとなぜこのようなことになったかを話し合っていく。その内容のまとめとして、①仕事がハードである、②生活に余裕がない、③ストレスの発散をしていない、④何でも「YES」といい、「NO」といえない、⑤相談相手がいないことなどがわかってきた。

〈第Ⅲ期：問題に対する対策を練る〉（#９～13）

九回目から対策について話し合っていった。勤務日程をもとに引き受ける必要のない仕事をチェックしてそれをどのようにして断るかの対策を話す。休日の過ごし方について休養と好きな趣味についてを探すことになる（#10）。また、相談相手として当面は、精神科クリニックのカウンセラーに相談をし、ある程度、問題が解決したら同僚の友人に日頃から相談をしていくことにする（#11）。

結局、職場の人たちが大幅に仕事を減らしてくれて職場復帰をすることになる。その過程でG男は、「仕事を要領よく行い、ほどほどに切り上げること」を学んでいく（#12）。また、友人から魚釣りに誘われて、これを趣味にすることになる。復職してもしばらくは通院を続け、服薬と生活のチェックを行う（#13）。

〈考　察〉

昨今、文部科学省（二〇一二）は、教師の心の病が増えていることをあげ、教師のメンタルヘルスを重視するようになった。フロイデンバーガーら（一九八〇）は、限界まで仕事をしてダウンし、心のゆとりのない「燃えつき症候群」（burn-out syndrome）という語を唱えている。

G男のようにまじめ、几帳面、徹底的なパーソナリティの者が、「燃えつき症候群」に陥りやすい。この症候群に対しては、まずは薬物療法や支持療法によって心を安定させた後、①ハードな仕事の緩和化の工夫、②ストレスの発散としての趣味をもつ、③日頃より無理をせず、ひとりで背負い込まないように相談相手に相談するの三点が治療と再発予防において重要である。

とかく、このようなケースは、すべてをまじめに引き受ける「YES」マンが多く、仕事を要領よく適当に行うか、あるいは「NO」といえることがポイントとなる。

今日、「過労死」の問題も注目され、わが国は、労働時間が長いこと、とくに教師の勤務時間が長いことが指摘されている。このことから、教師のメンタルヘルスの管理とともに生徒の教育効果をふまえた教師の行うべき仕事の整理の検討が必要であろう。

3　老年期

(1)　老年期の心性

老年期（old age, senescence）とは、一般に六〇歳以後の年齢といわれているが、わが国の長寿状況から老年期を七〇歳以後、あるいは七五歳以後というなど明確な基準は定まっていない。

従来から老年期については、身体的老化にともなう知的能力の低下、老人癖というパーソナリティの変化（がんこ、愚痴っぽい、疑い深いなど）、また、喪失体験の増加（社会的役割を失う、親しい家族や友人との別れ、生きがいを失うなど）などのマイナス面の特徴が強調されてきた。しかし、最近では、老年期の円熟したパーソナリティや、エリクソン（一九八二）のいう統合（integration）と絶望（despair）の間の葛藤を経て自我が発達して得られる徳（virtue）と知恵（wisdom）を人々に伝える老賢者としてのプラス面も注目されている。

一方、ペック（一九六八）は、表36に示す老年期における危機として三つをあげている。表36に示す危機内容をふまえると、老年期の一般的心性として、大切なものや人を失うことによる孤独感、わびしさ、思う通りにならぬ自己の身体に対するイラ立ち、不満、あるいは死が近づくことによる恐怖、不安とあきらめ、人生の後悔、充実感、惜別、そして達観などが考えられる。

（2）老年期の発達課題

エリクソン（一九五〇）は、老年期の発達課題としてこれまでの人生をまとめあげ、自分の人生は自分の責任であるという事実を受けいれる「統合性」をあげている。

表36　老年期の3つの危機

引退の危機	「自我の分化」対「仕事・役割への没頭」	人生の別の面を発展させる機会として引退を肯定的に受け止め、新たな自己像や新しい価値体系を構築する
身体的健康の危機	「身体性の超越」対「身体性の固執」	身体的快適さを超越して対人関係の豊かさ、創造活動に生きがいを見出す
死の危機	「自我の超越」対「自我の没頭」	肉体的死の予期を前にして、自我を超越して死の予期不安と戦い対処する

出所：ペック、1968

また、ユング（一九五二）は、人生は、私が私であるようにするために、すべてのことが生じたという受けいれる心のあり方として、「全体性（wholeness）」をあげている。

本書の第3章第1節で高齢者の労働力率は高まっていることをあげた。このことから、筆者は、わが国の長寿状況をふまえて、今日の老年期における発達課題は、七〇歳前後までは「生殖性」（generativity）、つまり次の世代へ自分の今までの実績を伝え、指導していくことであるととらえている。

(3) 代表的老年期ケース

ここまでの内容をふまえ、具体的ケースについてみていく。

①　六〇代前半のケース「経済的理由から再雇用に挑む」　六三歳　H男

問　題：H男は、六〇歳でこれまで勤めていた造船会社の下請けの仕事の定年退職を迎えた。しかし、若い頃、働いていた会社が倒産したこともあって年金額が少ない、妻がうつ病で働けない、結婚が遅くてまだ高校生の息子がいるなどの理由からまだ働かざるをえない状況にあった。このような状況で体力はあるものの、ハローワークに何度も通ってもよい職がみつからないという悩みをかかえていた。

パーソナリティ：温厚、がまん強い、手先が器用。

家　族：農業をしていた家庭に育ち、高校卒業後、小会社で機械工をする。しかし、三〇歳の時、会社が倒産し、その後、造船会社の下請けの仕事を六〇歳まで勤める。途中、二二歳で結婚したが、二五歳で妻が病死し、四七歳の時に再婚をし、長男が出生する。妻は、若い頃よりうつ病歴があり、度々、入院をしている。息子は将来、大学進学をめざしている。

面接担当：シルバー人材センターのキャリアカウンセラー（四〇歳、男性）が三回面接。

〈面接過程〉

H男は、仕事を生きがいとして過ごしてきたこともあり、定年退職にともない、長年積み上げてきた役割がなくなり、人間関係が大幅に縮小されたことなどから、経済、健康、生きがいなどに対する不安が生じる「定年ショック」があったことが語られる。カウンセラーは、H男のこれまでのいきさつを受けとめていく（#1）。

息子がまだ高校生であること、妻がうつ病で働けず、どうしても一定の収入がなければ生活が困難であると訴え、再就職についての相談をする。H男は、公的な資格や特別な専門的技術を習得していないことから、容易には適する仕事はみつからなかった（#2）。

ようやく清掃と公園管理の仕事を行うことになる。それまで六〇歳以上の者を採用する会社が少なかったため、H男は、働けることのありがたさを再認識し、新たに自分の役割を自覚し、再出発していく（#3）。

〈考　察〉

H男は、定年を迎え、新たな自己像や新しい価値体系を考えなければならない「引退の危機」（表36参照）に直面したと思われる。

本書の第3章第1節であげたように、昨今においては男女とも経済上の理由で就業している者が増えており、今後は、働く意欲がありながらも就労できない高齢者を、就労可能にする環境づくりが必要であると思われる。

現在、高齢者にとって多くの職種があるわけではないが、地域に密着した職業を紹介する「シルバー人材センター」がある。表37は、H男が相談に通った「シルバー人材センタ

表37　シルバー人材センター事業の概要

目的		定年退職後などに、臨時的かつ短期的または軽易な就業を希望する高年齢者に対して、地域の日常生活に密着した仕事を提供し、もって高年齢者の就業機会の増大を図り、活力ある地域社会づくりに寄与する					
仕組み	会員	おおむね60歳以上の健康で就業意欲のある高年齢者					
	事業内容	シルバー人材センターは、家庭、事業所、官公庁から、地域社会に密着した臨時的かつ短期的な仕事などを有償で請け負い、これを希望する会員に提供する。会員は実績に応じて一定の報酬（配分金）を受ける					
取り扱う仕事の例		清掃、除草、公園管理、自転車置き場管理、宛名書き、植木の剪定、障子・襖貼り、観光案内、福祉・家事援助サービスなど					
現状		団体数	1,820団体	会員数	77万人	契約件数	328万人
		金額	3,067億円	就業実人員	62.3万人	就業延人員	6,740万人／日

出所：厚生労働省、2006

ー」の事業概要である。

H男がこれまでの機械工から清掃や公園管理の仕事をするということは、仕事内容の非連続性はあるものの、H男は体力が維持されており、働く目的が明確なことからこの再就職は「引退の危機」を乗り越えたと思われる。

H男のケースのように定年後、再就職が迫られる場合、生涯をかけて活用できる資格の取得が有利である。たとえば、調理師、社会福祉士、マンション管理士がある。

定年退職後も働かなければならないH男のような場合、定年後の「危機」ととらえず、むしろ今まで培ってきたエリクソン（一九五〇）のいう生殖性（generativity）を活かして新しい人生の「転機」を迎えたととらえたほうがよいと思われる。

②　六〇代後半のケース「もうひと花咲かせたい」　六七歳　I子

問　題：I子は、六五歳まで看護師をしており、若い頃より「グラフィックデザイン」に関心があった。夫は、悠々自適な隠居生活をしており、I子は、定年退職をした夫と、毎日顔を合わせ会話をする日々に退屈感を抱いていた。子どもたちは結婚し別居しており、I子は、毎日どのように過ごすか、これで終わってしまう人生なのかということに悩んでいた。

パーソナリティ：繊細、神経質、わがまま。

家　族：父親は美術の教師、母親は看護師である家庭に育つ。幼い頃より母親にリードされ、高校卒業後、看護師になる。二二歳で公務員の夫と結婚し、二児を出産する。個人開業の小児科病院の看護師を定年まで勤める。地味で趣味もなく、おとなしいタイプである。

面接担当：大学の心理教育相談室の大学院生のカウンセラー（二〇歳代、女性）が九回面接。

〈面接過程〉

〈第Ⅰ期：何に悩んでいますか〉（#1～3）

一回目から三回目までの面接では、カウンセラーが若いこともあってI子は、「何に悩んでいるのか」を話せず、また、自分でも混乱し、今の生活の退屈さを語るのみであった。

いう。そこでカウンセラーは、Ｉ子の「もの足りない」人生について聞いていった。三回目に昨夜みた夢について語り、それは自分が死んで葬式をしてもらっている夢で「ああ、もうおしまいか。これで終わりなのか」という不足、不全感を感じた夢であったという。

〈第Ⅱ期：もうひと花咲かせたい〉（＃４～７）

カウンセラーが、これまでのＩ子の人生を聞いていくなかで看護師として勤めていた人生は、山あり、谷ありで必ずしも順風満帆ではなかったことを受けとめていく。

しかし、カウンセラーは、Ｉ子の心のなかに「燃え尽くしていない」何かを感じる（＃４～６）。そこでこの不全感についていてを聞いていくと「本当は、母に反してグラフィックデザイナーになりたかった」という。七回目以降は、デザイナーの仕事についての話をイキイキと語りはじめ専門学校へ行って学びたいという。

〈第Ⅲ期：再出航〉（＃８～９）

夫の意見や子どもたちの意見も聞き、Ｉ子は実際にデザイナー専門学校へ四月より入学することとなる（＃８）。Ｉ子は、カウンセラーのもつ若いエネルギーを面接を受けるごとに感じ、そのことが入学してみる引き金になったという。九回で面接を終えたＩ子は、三年後、アルバイトではあるが、ある広告会社のグラフィックデザイナーとして勤めていると聞く。

〈考　察〉

ヒトの老いてからの生き方は、フロイトのように死ぬまで仕事をしていく生涯現役という生き方（活動理論：activity theory）とユングのように年老いると隠居して静かな生活をしていく生き方（離脱理論：disengagement theory）とに大別できる。また、レイチャードら（一九六二）は、定年退職後の生き方として、①円熟型：未来に対して多くの目的をもち、積極的に生きる、②安楽椅子型：他者に依存し、受身的になって楽に生きる、③防衛型：老化の不安が強く、無理してでも仕事をして責任感をもつ、④外罰型：人生上の自己の不満や失敗を他者のせいにする、⑤内罰型：人生に失望と挫折を感じ、それを自分のせいにし、不幸を嘆く生き方の五つをあげている。

I子の生き方は、活動理論に、その夫は離脱理論に相応し、I子は円熟型の生き方をしようとして定年退職後、悩んだととらえられる。長寿社会の今日、「もうひと花咲かせたい」というキャリアに悩む高齢者は増えていくのではなかろうか。

I子のケースにおいて、「もうひと花咲かせる」転機となったのは、若いカウンセラーに出会ったことによりI子の心に新しいエネルギーが吹きこまれたことやユング（一九二一）のいう「個性化（individuation）」によるものと思われる。つまり、I子が若い頃より望んでいた無意識世界にある本当の「自己」（self）が、カウンセリングをうけたり、定年後の夢をみることによって意識世界のＩ子の「自我」（ego）に統合され新しくデザイナーとして出発したととらえられる。わが国において晩年に個性化を実現できた代表例としては江戸時代に日本地図作成を試みた伊能忠敬の例がある。

③　七〇代のケース「有意義な余生を送る」　七五歳　Ｊ男

問　題：Ｊ男は、長い間、大学の英語の教員をしていたが、七〇歳時には妻が病死し、無職となり孤独な生活をしていた。毎晩、晩酌をすることが唯一の楽しみであり、その酒量は次第に増えていった。その後、息子がＪ男の健康を心配して心療内科クリニックにつれていく。

パーソナリティ：まじめ、几帳面、内向的。

家　族：父親が裁判所の職員である家庭に育ち、長男であるＪ男は家族の期待に応えて大学の英語の教授として長年勤務し（七〇歳まで）、子どもたちは結婚し別居していた。定年退職後、すぐに妻が癌を患い亡くなる。Ｊ男は、ショックのあまり、一時、うつ状態となる。息子夫婦の支援もあり、回復するが、晩酌の量が増え、不眠、振せん、食欲不振が生じアルコール依存症（alcoholism）の症状が出現してくる。

面接担当：心療内科病院の医師（五〇歳代、男性）が外来で二一回以上面接。

〈面接過程〉

〈第Ⅰ期：私は、病気ではありません〉（#1〜15）

J男は、その息子につれられ通院していた。当初、J男は「どこも悪くない」と病気ではないと訴え、通院を嫌がっていた。しかし、主治医である面接者が、J男の若い頃の教員歴の話を聞いてくるのでそれに乗じたJ男は次第に主治医とラポールがとれるようになる（#1〜5）。

主治医は、J男と同年代の患者の話をし、「死んでいくまではまだ人と関わるほうがよいよ」「酒は、あなたにとって人生のため息にすぎない」「奥さんはあの世であなたがすぐ来ることを望んではいないと思う」などとJ男の心を打つ話をしていく（#6〜15）。

〈第Ⅱ期：私の人生とは？〉（#16〜20）

「ため息をついたら、酒をやめてもうひと山登りませんか」という主治医の問いに涙を流し、「まだ少しすることがあるような気がする」という（#16）。この頃、J男は散歩を始め、晩酌をやめはじめるようになる。散歩の間、今までの人生をいろいろとふり返る。そこでJ男は自分の人生を英語で自叙伝としてまとめてみることを思いつき試みる（#17〜20）。

〈第Ⅲ期：人生は有意義だった〉（#21～現在）

自叙伝を書きながら主治医に「まんざらでもない、自分の人生は意義と意味はあったようです。現に多くの教え子が中学・高校の教師として活躍しているようです」という。その過程で英会話学院から非常勤講師の話があり、暇もあって余生の最後の仕事としてやってみることになる。仏壇にある妻の写真をみると「妻が、にこやかにあなたがんばってといったような気がした」という。

〈考　察〉

一般に高齢者の心理療法として、①回想法、②音楽療法、③芸術療法があるが、J男は、過去を回想することによって自分の人生の意味や価値を再認識し、人生を肯定的に受容しはじめたととらえられる。J男のように高齢になって対象喪失をきっかけにアルコール依存症になる者がいる。アルコール依存症は、手の震え、不眠、連続飲酒、離脱症状（禁断症状）などが生じ、初期はアルコール依存症であることを「否認（denial）」しやすい。J男は、主治医とのラポールを形成し、アルコール依存症であることを次第に認めはじめ、今後の自分の生き方を考えるようになった。

ハービィガーストら（一九六八）は、「幸福な老い（successful aging）」という語を唱え、その特徴として①長寿の達成、②身体が健康なこと、③活動性が維持できる、④生活の満

表 38　「幸せ」に関連する語とその要因の研究結果

内容	要因	研究結果	研究者
人生満足度	加齢	加齢とともに上がる	フィールド（1997）
		加齢とともに下がる	リフ（1991）
人生満足度	住宅か施設か	違いはない	長尾（2007）
人生満足度 "well-being"	性差	男性＞女性	ピンクォートら（2000）
			メドリー（1980）
人生満足度 "well-being"	パーソナリティ特性	60歳代の者は楽観主義と人生満足度に正の相関。70歳代の者は楽観主義と人生満足度に負の相関がある	レニングス（2000）
		外向性＞内向性であれば、"well-being" がある	コスタら（1980）
		自己効力感があるほど "well-being" がある	ブライアントら（1981）
"well-being" 7年後の死亡率	孤独感	孤独感がないほど "well-being" がある	チャペルら（1989）
	ネットワークの有無	地域ネットワークをもつと死亡率が低い	リトウィンら（2006）
"well-being" 幸福感	既婚か独身か	結婚している者のほうが "well-being" がある	オルダスら（1999）
		結婚している者のほうが幸福感がある	アーガイルら（1991）
幸福感	経済力	豊か＞貧しい	バックら（1985）
QOL	統合失調症患者	短期入院患者よりも長期入院患者のほうがQOL が高い	フランツら（2000）

出所：長尾、2008

足度が高い、⑤社会との関わりがあるの五点をあげている。J男は、妻を亡くし、危機に陥っていたが、主治医の支えによって自叙伝を書きはじめ、再び息をふきかえして英会話学院に勤めはじめ、社会との関わりをもつようになったといえる。

高齢者の「幸せ」をまねく要因とは何であろうか。「幸せ」という意味の語は、心理学では、「人生満足度」「幸福感」「well-being」「QOL（Quality of Life）」などさまざまな語がある。

表38は、「幸せ」に関連する語とその要因の研究結果をまとめたものである。表38から、高齢者にとっての「幸せ」とは、既述したハービィガーストら（一九六八）の「幸せな老い」の五点に当てはまり、J男は、身体の健康、働ける活動性、息子や主治医との関わりと支えが「幸せな老い」へとつながっていったと思われる。

七〇歳以後の余生の過ごし方はさまざまである。自らの人生を自叙伝としてまとめた「松下電器」の松下幸之助や「宅急便」の創始者の小倉昌男、また、全集にして人生を語った神谷美恵子や『夜と霧』を書いたフランクルは余生をみごとにまとめあげている。また、華やかな人生から転換して晩年において世界平和を唱えたシュヴァイツァーやアフリカの恵まれない子どもたちのために女優からユニセフに身を捧げたオードリー・ヘップバーンは、一度しかない人生の終わりを社会や世界のために役立とうとして生きた例である。

第7章　不適応ケースのキャリアカウンセリング

1　各機関との連携

本章で述べる不適応ケースに対しては、各機関との「連携」が必要である。「連携（co-operation）」とは、連絡を密にとり合って、ある目的のためにいっしょにものごとをすることを意味する。また、「協力・共働（collaboration）」とは、力を合わせてともに仕事をすることを意味する。したがって学校、各センター、病院、家庭が連絡をとり合ってクライエントのキャリアを形成していくことは「連携」であり、同じ組織内でたとえば、学校内でスクールカウンセラーと進路指導教師が力を合わせて生徒のキャリア形成を支援していくことは「協力・共働」である。一般にキャリア形成において一つの組織に所属する者だけの「協力・共働」によってキャリア形成が果たされることは難しく、さまざまな組織が「連携」して果たされることが多い。

図16は、キャリア形成に関する各機関との連携ネットワークを示したものである。主要な語句を説明していけば、図16の精神科・心療内科病院における「ＰＳＷ」とは、精神保健福祉士（psychiatric social worker）を意味しており、精神疾患をもつ患者に対して社会福祉のために、就職、居住、生活費について支援していく福祉士のことをいう。

また、「リワーク」とは、とくに「うつ病」患者の職場復帰のためにプログラムに即して復帰支援していく施設をいう。リワークには病院所属と民間企業所属の施設がある。

「精神保健福祉センター」とは、各地の保健所のキーステーションであり、このセンターは、各県にあり精神障害者への相談やその知識の普及が行われている。

「職業訓練所」は、ハローワークに附属したものと各県にある職業訓練学校とがあり、そこでは、職業に必要な基礎的技術が学べる。

「障害者職業センター」は、心身の障害者への雇用や職業リハビリテーションの支援を行っている。

一般に大学では、大学生活での相談（心の問題の解決や学生生活の充実をはかる）を行う

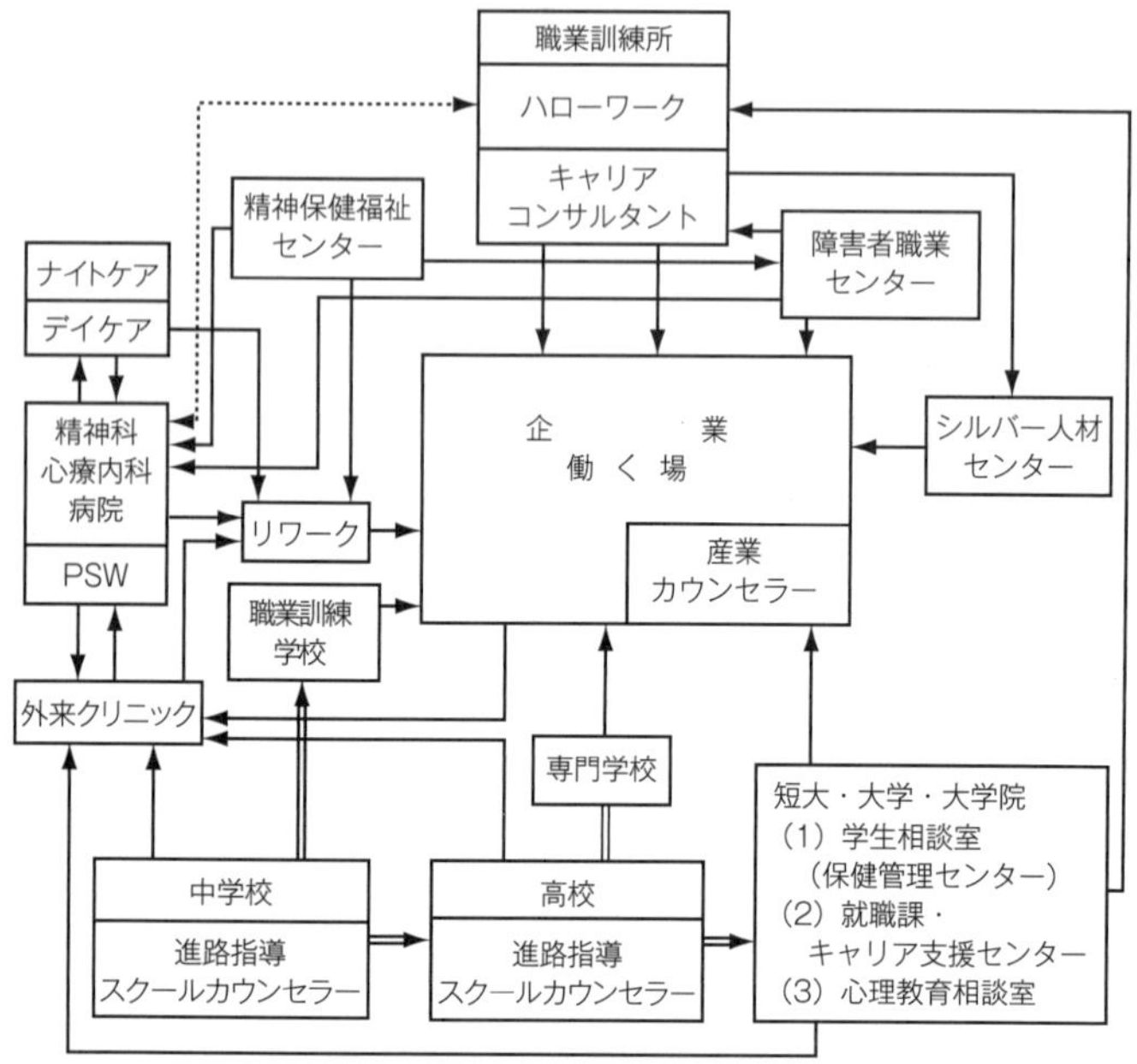

図 16　キャリア形成に関する連携ネットワーク

注：実線 —— は、紹介、就職などを意味する。
二重線 ═══ は、進学を意味する。
点線 ------ は、今後交流が必要であることを意味する。

「学生相談室」、大学生のキャリアについて教育やその支援をしていく「就職課・キャリア支援センター」、それに一般市民を対象とした臨床心理士が心の問題解決への支援を行う「心理教育相談室」の三つが設置されている。

これら各機関の「連携」が円滑に果たされて初めてクライエントのキャリア形成が果たされていくのである。

2　代表的不適応ケース

①　不登校のケース「永すぎた冬」　大学四年生　K子

問　題：K子は、小学生時と中学生時には不登校を示し、ほとんど登校はしていない。中学生時には「変わった子」という理由でいじめにもあっている。高校は通信制に入学し、大学検定試験に合格している。大学は、「日本史を学びたい」という理由でAO入試で合格している。大学では、友人が二〜三人でき、ほとんど授業は出席し、四年生になり、「日本史」を活かした就職はないかと学生相談室へ来談する。

パーソナリティ：過敏、おとなしい、神経質、無口。

家　族：父親はK子が二歳時に離婚。母親はK子のために肉体労働をし、勝気、外向的な人。K子の育った環境は片田舎で人のうわさが広がりやすく、また、クラスも一〇名程度の小規模の小学・中学校に在学していた。

所属大学：市内の私立の女子大学文学部史学科

面接担当：大学の学生相談室のカウンセラー（女性）が二〇回面接。

〈面接過程〉

〈第Ⅰ期：箱庭でラポール形成〉（#1～5）

対人恐怖の強いK子に対してカウンセラーは、箱庭で遊びながら話していくことを勧める。K子は少しずつ話を始める。箱庭の内容は、寺、仏壇、神社、牛、馬など田舎風のものを多く置く。

〈第Ⅱ期：K子の過去を語る〉（#6～16）

今まで治療経験もなく、小学・中学校時は学校へ行かず、ひとりで勉強をし、戦国の武将の生き様や人間関係のあり方に興味があったこと、大学は今までとは別世界で自由な人間関係、自由に学べることがよいから登校しているという。一三回目に自分の「とりえ」について「日本史しかわかりません」といい、日本史の知識を発揮できる会社もなく、アルバイトをしたこともないので就職できないと訴える。カウンセラーは、K子が大学に入って生活を満悦していることを取りあげ、K子にとって春が来るのが「永すぎたね」というとK子はうれし涙を流す。

〈第Ⅲ期：就職を探していく〉（#17～20）

カウンセラーは、大学の就職課と連携をとり、K子が以前から日本史の本など読書が好きなことから、「学童保育」のアルバイトで子どもたちに本を読んであげる仕事を勧めると、K子は、大学を卒業して四月からその仕事を始める。

K子のように対人緊張が強い青年に対しては非言語的な「箱庭」をつくることによるカウンセラーとのラポール形成が望ましい。

〈考　察〉

K子は、発明王のエジソンのように小学校から中学校まで不登校を示し、独学で勉強をしてきている。K子は、シャイン（一九七八）のいう本書の表13の「キャリアアンカー」のうちの特定専門分野（日本史）に関心が強く、それを活かした仕事に就きたいという欲求が強かった。そこで、カウンセラーは、K子の「永すぎた冬」が無為でないように、子どもと関わり、読書をしてあげるという「キャリアアンカー」に通じる仕事を紹介した。

現在のスクールカウンセラーは、不登校生徒と関わる際、学校側の視点に圧倒され、とかく登校させることだけに努力をしやすいが、K子のケースのように不登校を「キャリア」という視点でみていくことも重要ではなかろうか。また、K子の大学生活をとらえて、現在の小学・中学・高校の教育形態の柔軟性のなさにも問題があるのではないかということを考えさせられた。

わが国のキャリア教育において従来、偏差値を基準とした学歴が重視されてきたが、今後は個人の個性や能力をとらえるキャリア教育や学校が重要になってくるのではなかろうか。

②　不登校のケース「昔の名前で出ています」高校四年生　L男

問　題：L男は、幼稚園時より登園拒否を示し、小学・中学時には五月雨型の不登校を示していた。高校は、通信制へ入学し、週一回程度の登校をし、単位は修得していた。しかし、進路が未定で対人関係も少なく、孤立していることからその高校のスクールカウンセラーに相談するようになる。そこで出会ったカウンセラーは、L男が中学一年時のスクールカウンセラーで五年ぶりの再会であった。

パーソナリティ：おとなしい、無口、がんこ。

家　族：おとなしくて家庭に無関心な父親とL男に過保護な母親、外向的な中学二年生の弟がいる。

面接担当：通信制高校の非常勤のスクールカウンセラー（男性、三〇代）が三二回面接。

〈面接過程〉

〈第Ⅰ期：再会し、中学生時をふり返る〉（#1～6）

来談したL男とバッタリ会ったカウンセラーは、驚き、L男の中学生時代をなつかしく話す。当時、週二～三回は登校していてカウンセラーとサッカーの話ばかりをしていた。母親は、当時、L男の登校につれそい、カウンセリングにも同伴することがあった。今もL男は、特別な友人もなく、また、進路も決まっていないと話す。

〈第Ⅱ期：母親面接も行う〉（#7～10）

L男と将来の進路について検討している過程でその母親もL男の将来が心配でカウンセリングに来談したいという（#7）。L男とは別個に母親面接を行うが、L男の中学生時と大きな変化はなく、L男に過保護、過干渉な母親の態度が目につく。そこでカウンセラーは、母親に家庭ではL男になるべく自分のことは自分でさせるように勧める。

母親は最近、自分の父親の介護をしていること、また、L男もその介護を手伝うことがあるという（#8～10）。

〈第Ⅲ期：テニス教室に通う〉（#11～22）

母親は、少しずつL男に自主的な生活態度をしむける。その結果、L男に積極性や自発性が生じ、家庭の家事手伝いや掃除をよくするようになる。

カウンセラーと友人ができないことについて話している過程でL男は、テニス教室に通いたいと言いはじめる（#11～15）。近所のテニス教室に通いはじめたL男は、そこでのテニスコーチとのやりとりや教室へ通っている主婦やOLとの交流について話す（#16～22）。

〈第Ⅳ期：とりあえず進路が決まる〉（#23～31）

テニス教室通いで対人関係に自信がついたL男は、三学期を迎え、進路を決定しなければばならない時期になる。

祖父の介護をまじめに手伝っていることから介護士になってみないかという話になり、介護士専門学校の資料をとりよせて検討していく（#23〜27）。介護士専門学校のオープンキャンパスに参加し、L男は興味を示し、四月よりその専門学校へ入学することとなる。

L男は、高校の卒業式にも出て、「先生のおかげで少し、将来がみえてきた」という。母親は、卒業式ではL男よりも遠くの席からL男をじっと見守っていた（#28〜31）。

〈考　察〉

既述した不登校を経験したK子の例は、主に彼女にまつわる環境が大きく不登校に影響していた。しかし、L男のケースは、従来から臨床心理士が最も多く関わっている「分離不安型（separation anxiety type）」の不登校であり、その特徴は、母親や祖母が過保護・過干渉で父親との関わりが乏しく、友人ができない、あるいは友人がつくれないというものである。その治療が不全であれば、慢性的な不登校を示し、フリースクールや適応指導教室へ通ったり、高校生の場合、L男のように通信教育の高校へ入学する例が多い。中学・高校時の不登校児の一三〜一四年後のフォローアップ結果では、大高ら（一九八六）によるとその約四七％が、室田（一九九七）によるとその約五五％が社会適応ができているという。

L男のような分離不安型不登校の場合、母親に対して子どもへの自主性、自発性の育成についての助言や本人との治療では学校や対外的な対人関係の形成が重要である。

③　ひきこもりのケース「ハッとしてgood」　二四歳・無職　M男

問　題：M男は、堅い性格で高校三年生時のクラブ活動（サッカー部）でささいなことからトラブルに巻き込まれ、自分の意見が通らないことで中退をする。その後、定時制の高校へ入学したが、そこでもささいなことで教師から注意され、不登校を示す。以後、自宅にひきこもる。その過程で三〜四ヶ所の心療内科や精神科病院を受診するが、医師や臨床心理士との相性や話がかみ合わず治療中断となる。二四歳時に障害者施設のカウンセラー（男性）と出会い、M男は初めて心を開いて話せるようになる。M男の訴えは、時々胸部に痛みを感じるというもので、それが心理的なもので生じることは認めていない。医学上の検査では胸部に異常はない。

パーソナリティ：がんこ、プライドが高い、内向的、神経質。

家　族：がんこでまじめな公務員の父親とM男を甘やかし、気弱な母親のもとで育つ。兄はパーソナリティ障害と診断され無職。M男は父親との会話はないが、母親と兄とは話をする。

面接担当：障害者施設のカウンセラー（男性、M男と性格が似ている）が一〇五回面接（計二年八ヶ月）。

〈面接過程〉

〈第Ⅰ期：出会いの始まり〉（#1～10）

初回のM男は緊張してきたが、カウンセラーがあまり質問もしないので自ら積極的に今までのいきさつを述べる。M男は、今までになくじっと聞いてくれるカウンセラーに好意を抱く。カウンセラーは、M男の今までのつらい思いや胸の痛みについて受けとめていく。

〈第Ⅱ期：親とは違う人物のカウンセラー〉（#11～30）

M男の両親は、度々、カウンセラーの面接室に訪れるが、カウンセラーはその対応に戸惑い、とくに意見をしない。M男の両親の訴えは、M男の胸の訴えは仮病であり、ひきこもりをどうにかしてほしいというものであった。カウンセラーは、M男だけに一対一で会い、M男の訴えを聞くことから、M男はカウンセラーを親とは違う人物であると認知し、「本当は、働きたいけど不安だ」と述べる。

〈第Ⅲ期：試行錯誤の時期〉（#31～72）

M男は胸の痛みを訴えながらも面接を始めて一年後には、ハローワークへ通い、仕事を探しはじめる。そこでの求人情報がM男にとって社会的刺激となる。M男は二～三度採用試験に落ちるが、気分は沈まず、逆に採用面接者のほうに問題があったと述べる。

〈第Ⅳ期：居場所をみつける〉（#73〜105）

面接を始めて一年半に入った頃、可愛がってくれた祖母の影響もあってＭ男は介護士の学校へ入学し、そこで資格を得る。その後、介護の仕事についたが、また対人関係のトラブルが原因で二ヶ月後にやめる。カウンセラーの助言で職業訓練校に通い始め、そこでＭ男は友人が二〜三名でき、この学校がＭ男にとって「居場所」となる。カウンセラーは現在も面接中であるが、Ｍ男が就職できるまでという面接目標をもって会っている。

〈考　察〉

ひきこもりは、男性のほうが女性よりも多く（衣笠、二〇〇〇）、その特徴として、①対人交流維持の困難（蔵本、二〇〇八）、②自己否定・不全感が強く（松本、二〇〇三）、③被害的にとらえる（山本、二〇〇二）、④怒りが内在している（牛島、二〇〇〇）、⑤現実感が乏しい（牛島、二〇〇〇）などがあげられる。

ひきこもりケースの治療は、①母親面接のみで親子関係の改善をはかる、②ひきこもりの者どうしの自助グループからの社会的な展開をはかる、③本人とのカウンセリングの三通りがあるが、本ケースは、Ｍ男と相性の合うカウンセラーとの出会いが奏功したと考えられる。サリバン（一九六二）は、「同種の者は同種によって治療される」と述べており、本ケースはこの示唆があてはまる。また、二〇歳代のクライエントのキャリア形成において、安達（二〇〇二）の研究から、就職情報の関心から、次にそのなかで自己の適性をはかるという手順が望ましいことが明らかにされており、本ケースもハローワークに通うことが自分を知っていく手がかりとなっていたととらえる。

④　ひきこもりのケース「三人寄れば文殊の知恵」三二歳　N男

問　題：N男の父親は、大きな会社を経営しており、裕福な家庭で育ち、私立の小・中一貫教育の学校を卒業し、高校も大学推薦入学できる高校へ入学し、大学は経済学部を卒業していた。卒業後、建築会社に入社したが、そこで上司から仕事のミスについて厳しく叱責され、傷つき長期のひきこもりを示すようになる。三〇歳を超え、母親から地域の相談センターへ通うよう勧められ、そこでカウンセラーと出会う。

パーソナリティ：プライドが高い、おとなしい、受身的。

家　族：ワンマンで勝気な父親と、N男に過保護な母親と祖母がいる。N男の弟は大学卒業後、父親の会社に勤務している。

面接担当：地域のサポートセンターのカウンセラー（女性、四〇代）が五回面接。

〈面接過程〉

〈長いひきこもり生活を話す〉（＃1～3）

約一〇年間、ひきこもって昼夜逆転し乱れた生活であったことや、ほとんど対人関係はなく、毎日、ＤＶＤ、ＣＤ、パソコンをみて過ごした日々を話す。カウンセラーは、「これからどうしたいか」を問うと、具体的な答えはない。しかし、パソコンでの見知らぬ人との交流があることからカウンセラーは、Ｎ男に対人希求があると判断して、パソコンを媒介とした「ひきこもり自助グループ」を紹介する。

〈自助グループとの関わりを始める〉（＃4）

Ｎ男は、パソコンで自助グループとの関わりを始め、それに興味を示す。自分と似ている者がいたことに驚き、ひきこもりの五名（男性、二〇代と三〇代）のグループは互いにパソコンで交流しはじめる。カウンセラーは、そこでＮ男にとって自助グループ体験のほうがカウンセラーとの面接よりも重要であると判断し、面接を中断する。

〈企業を立ち上げる〉（＃5）

約半年後、Ｎ男自らが来談し、四名の自助グループでパソコンを介した「便利屋」（依頼した家庭へ出向き何でも手伝いをして謝礼をもらう仕事）を立ち上げたことをカウンセラーに報告する。Ｎ男の父親はそのことに反対したが、自分でやっているという達成感があるという。N男は、三名のメンバーとともに近隣の依頼された家庭に出張し仕事を始めたことから、約一〇年間のひきこもりは終了する。

〈考　察〉

世界的にみて「ひきこもり」という現象は経済的に恵まれたわが国特有のものといわれている。とくにN男のように経済的に裕福な家庭に育った場合、働くことの必要性や働くことの意味を見失うこともある。また、昨今の青年は、他者からの注意、叱責によって高い自尊心が傷つき、そのことがひきこもりのきっかけになることもある。

N男のケースで学ぶことは、同じ悩みをもつ者どうしが助け合えば一つの力となり「ひきこもり」から脱却し、社会へ旅立てるきっかけを生むこともあること、また、ヒトは、親から自立して働く喜びを得て初めて生きている実感を得ることもあるという二点があげられる。

⑤　非行のケース「人生を仕立てる」　一七歳・無職　O男

問　題：O男は、中学生時より、万引、他校生徒とのけんか、不純異性交遊、不登校（怠学）などの問題行動を示し、高校は定時制高校に入学したが、パチンコとけんかに明け暮れて中退する。その後、けんかで警察に補導され、警察のサポートセンターでカウンセリングを行う。

パーソナリティ：短気、神経質、外向的。

家　族：気まぐれなアルコール依存症の父親と派手なスナック勤めの母親のもとで出生し、家庭は、父親の家庭内暴力があり、安定感はなかった。Ｏ男の下に不登校の中学生の弟がいる。

面接担当：サポートセンターのカウンセラー（警察官、女性）が一四回面接。

〈面接過程〉

〈第Ⅰ期：気まぐれな来談〉（＃１～４）

初期のＯ男は、面接は拒否的で話も多くはせず、カウンセラーの質問にただ答えるだけであった。時折、けんかが強いこと、非行グループ仲間でのトラブルの内容を話した。また、予約した面接日に来談しないことが多く、カウンセラーは、Ｏ男に電話をしてＯ男との面接をつないでいった。

〈第Ⅱ期：パチンコ屋での出来事〉（＃５～７）

家族のことを聞くとＯ男は怒りを示し、両親に対してのさまざまな不満や憎しみを話した。家にはあまり戻らず、友人の家に寝泊まりをしているという。パチンコ屋で五〇歳代の男性と親しくなり、家に来てみないかと誘われ、そこでいっしょに飲酒したという（＃

6)。O男はその男性(大工の棟梁)から男気をみこまれる。その男性の家には、大工見習いの男性が三人いて、O男は彼らから可愛がられる。

〈第Ⅲ期:大工入門〉(#8～14)

O男は、大工の男性の家に住みこみ、大工見習いとして働きはじめる。棟梁から厳しくしつけられ、大工のスキルも謙虚に学びはじめる。O男の非行がなくなったことから面接を終える。

〈考　察〉

ボバードら(一九九九)は、キャリアカウンセリングにおいてクライエントの心を受容し、自己洞察に導く「カウンセラー」、クライエントのモデルとなりクライエントを保護する「メンター(mentor)」、クライエントの行動を方向づけるモデルとなる「コーチ(coach)」の三つの役割を区別している。O男のケースの場合、現代ではその数は減ってきている「職人(craftsman)」に仕立てる大工の棟梁である「コーチ」に出会ったことがO男を非行に走らせず、自らの生きる道を見つけられるようになったととらえられる。

⑥　非行のケース「好きこそものの上手なれ」　二〇歳　P男

問　題:P男は、小学・中学生時を通して万引きとけんか、シンナー吸引を行い、少年鑑別所と学校の行き来をする生活をしていた。高校入学後、バイクに興味をもち「暴走族」に入る。結局、高校は教師に暴力をふるい中退となる。その後、他の暴走族とのけんかで傷害事件を起こし少年院に入所する。出所後、ＮＰＯ法人の施設で生活をし、その施設の後見人カウンセラーと今後の生活について相談する。

パーソナリティ：短気、勝気、外向的、荒っぽい。

家　族：父親はＰ男が出生した時からいない。母親は異性関係が多く、Ｐ男とは父親が異なるきょうだいが四人もいる。幼い頃より母親との交流がなく、主に祖母によって育てられる。Ｐ男には、一八歳時よりゲームセンターで出会った彼女がいて心の支えとなる。

面接担当：後見人のカウンセラー（男性、五〇代）が施設で一八回面接。

〈面接過程〉

〈第Ｉ期：初めて大人との心の絆ができる〉（#１～11）

初期、施設での面接をＰ男はいやがっており、面接日以外の時間にカウンセラーはＰ男の生活上のケアや指導を行う。ある時、施設でＰ男は同僚とけんかをし、カウンセラーが身体をはってその仲介に入り、Ｐ男に悪い点を同僚にあやまらせる。カウンセラーのＰ男への熱意は伝わり、Ｐ男は、カウンセラーに手を出さなかった。

その後、決まった時間に面接に来談し、バイクの話やP男の過去のけんか、親子関係での悲しく、淋しい生いたちなどを感情をまじえて話す（#1～9）。

施設を出る日が近づいたので、P男が好きなプロレスラーの「鈴木みのる」のブロマイドをカウンセラーがP男に記念に渡すとP男は喜ぶ（#10～11）。

〈第Ⅱ期：バイクの修理工になりたい〉（#12～18）

P男は、バイクが好きでその内容やメカにも詳しいのでカウンセラーが「バイクの修理工になってみないか」と誘ってみる。P男は同意してその町のバイクの修理屋を次々にカウンセラーといっしょに雇ってもらえないかといって訪問する（#12～16）。

四件目で採用が決まり、P男は仕事に期待をもつ。カウンセラーは、P男が修理工として適応していくかを見守り、店主の厳しい指導にもついていくP男を見とどけた後、施設を出ていくP男に手をふって別れを告げる。その時、P男は初めて涙を出しカウンセラーとの別れを惜しんで施設を去る。その後、一年以上が過ぎるが、P男がバイク屋で修理している姿をカウンセラーはよくみかけるという（#17～18）。

〈考　察〉

現代の青年はおとなしく、P男のように荒っぽく、衝動的な非行を示す少年は減っている（瀬川、二〇〇一）。しかし、P男のように親の愛情が十分に獲得されていない青年は大人への不信を抱き、さまざまな非行を示す例もある。

非行少年に対してはカウンセリングができないということをよく耳にするが、P男の例のようにカウンセラーが身体をはって言語と非言語の両面から信頼関係の形成に努めれば大人を信用するようになり、心を開いて話すこともある。また、彼らのもつ興味・関心（P男の場合はバイク）がキャリアにつながることもこのケースをもって明らかになった。

⑦　無気力のケース「習うより慣れよ」二六歳・無職　Q男

問　題：Q男は幼い頃より母親から甘やかされ、高校や大学進学は、すべて母親による決断によるものであった。しかし、勝気で、スポーツは得意だった。工学部の大学院を修了し、就職は探さず、無為な生活をしていたが、母親から公務員の試験をうけるようにいわれて受験するが不合格で、母親の勧めで就職支援センターへ来談する。

パーソナリティ：内向的、勝気、根気がない、依存的。

家　族：おとなしい公務員の父親と支配的な母親のもとで育つ。二歳年下の弟も公務員をしている。また、Q男を可愛がっているがんこな祖母も同居している。

面接担当：地域就職支援センターのカウンセラー（男性）が五八回面接。

〈面接過程〉

〈第Ⅰ期：無断の面接中断をくり返す〉（#1～10）

面接は予約制になっているが，Q男は就職への動機づけが乏しく，予約通りに面接に来たり，無断で来談を中断したりのらりくらりの面接態度を示す。時に「自分がどんな性格かわからない」ともいう。

〈第Ⅱ期：何度も社会動向に合わせて採用面接をくり返す〉（#11～21）

Q男の採用面接上のマナーや履歴書の書き方は大雑把であった。そこでカウンセラーは，マナーや履歴書の書き方の指導を行っていく。何に向いているのかわからないために営業，ホテル業，印刷業などかたっぱしから採用面接をうけてみる。その過程では，どの会社もほとんど不合格であったが自分の特徴が少しずつわかってきたようであった。

〈第Ⅲ期：働くことの意味がわかってくる〉（#22～24）

Q男は，「人はなぜ働くのかわからない」という。カウンセラーは，この問題をQ男といっしょに考えていく。生活費のためか，せっかく生まれて自分の存在の証を示すためか，他者との関係やつながりをつくるためか，あるいは自分のもつ能力を発揮するためかなどを話し合っていく。

〈第Ⅳ期：人とのつながりをもつために働きたい〉（#25～58）

その後もQ男は、多くの採用面接をうけて面接もうまくなっていき、採用面接そのものが楽しみとなり、人とのつながりの大切さを身体から学んでいく（#25～50）。結局、社会動向をふまえてＩＴ産業の営業の仕事にたどり着く。カウンセラーとの最終面接で「すべてやってみないとわからないものですね」という。

〈考　察〉

甘え、依存性の強いQ男は、自ら判断し、決断できない無気力な青年であったが、変動の激しい社会に自己を順応させ仕事を探していこうとするサビカス（一九九七）のいう図8に示す「キャリアアダプタビリティ（career adaptability）」という姿勢を採用面接をくり返すなかで身につけていったと思われる。また、働くことの意味を問うてその答えを出したことで無気力ややる気のなさを消失させたともとらえられる。アルダーファ（一九七二）は、働くことの欲求モデルとして表29に示す生存欲求、関係欲求、成長欲求のＥＲＧモデル（Existence, Relatedness, Growth）を唱えている。

無気力青年の治療に関しては、行動をして（採用面接を多く受けさせて）、試行錯誤の結果、働くことの意味（Q男にとってはＥＲＧのすべて）を獲得させていくか、もう一つは次に述べるケースR男のような例もある。

⑧　無気力のケース「アパシーから神ってるへ」　二二歳・学生　R男

問　題：R男は、法学部の大学四年生で一年間留年をしていた。大学入学後、無気力で欠席が多く、日頃はパチンコ通いと大学の自治会の会長に立候補して自治会の活動をしていた。小学校から高校生時までは「よい子」で親のいう通りに大学まで受験したという。しかし、将来の目標がなく、欠席が続くため、R男のゼミの教員が学生相談室のカウンセラーをR男に紹介する。

パーソナリティ：勝気、外向的、気まぐれ。

家　庭：両親は、中学校と小学校の教師でR男は親から期待され「よい子」に育てられる。下には、比較的わがままな高校生の弟がいる。

面接担当：大学の学生相談室カウンセラー（男性、三〇代）が三二回面接。

〈面接過程〉

〈第Ⅰ期：将棋で勝ったり負けたり〉（#1～9）

R男は、ふてくされて何も相談することはないという。勝負事が好きというのでカウンセラーと将棋をしながら自治会の話をしていく。負けるとR男は悔しがり再挑戦をしてくる。

〈第Ⅱ期：一〇〇〇円貸してください〉（＃10～15）

R男は気まぐれに来談し、カウンセラーに将棋だけをいどんでくる。その過程でパチンコをしている話もあり、パチンコに負けて生活が苦しいこともあるという。一二回目の面接でカウンセラーに丁重な姿勢で「生活に困っているので一〇〇〇円貸してください」という。原則では貸せないといいながら、カウンセラーはR男の困った顔をみて一〇〇〇円を貸す。このことがきっかけとなり、以後、「生きている意味がわからない」「将来がみえない」「人生の敗北者」などとR男の内面が語られる。

〈第Ⅲ期：哲学を学ぶ〉（＃16～27）

将棋をしながらカウンセラー自身の大学時代を語り、人生の意味について考えるためにキルケゴール、パスカル、ハイデッガーなどの哲学書を読んでいたことを話すとR男は図書館に通いはじめ、哲学書を読み、その感想をカウンセラーに話す。しかし、「生きている実感がない」という。カウンセラーは、R男の現実面を考えて「とりあえず卒業をしてその後、人生の意味を考えてみよう」と促し、R男に卒業に必要な単位取得を勧める。R男は何とか卒業ができ、学生相談を終了する。

〈第Ⅳ期：牧師として人生を歩む〉（＃28～31）

R男は卒業後、何度か経過報告に学生相談室へ来談する。その過程でキリスト教の教会へ通いはじめ、聖書を学び神学関係の大学へ入学し、牧師になるという報告がある。報告を聞いてカウンセラーは、R男にとって宗教哲学が自分の人生の支えとなるのだと感じた。

〈考　察〉

R男は、大学入学するまでは親の期待に応える「よい子」であったが、目標を見失い、パチンコに耽る無気力状態に陥った。R男は、自分の好きな自治会活動などは積極的に行えるが、嫌いな授業は出席しないという笠原（一九八一）のいうオリズム（降りる）という特徴をもったステューデントアパシーであったととらえられる。

その治療過程でカウンセラーはR男と将棋を介して勝ち負けの関係を形成し、カウンセラーが一〇〇〇円を貸してあげたことを契機にR男の内面、つまり「生きる意味」の不明瞭さ、目的の欠如が語られ、哲学書の読書がこの内面の問題をさらに掘り下げることとなり、結局は、将来、キリスト教の牧師になるという宗教哲学へたどり着いたととらえられる。

無気力な青年のなかにもさまざまなタイプがあり、経験が働く意味や人生の意味の解決へ導いていったQ男のケースとは逆に、先に働く意味や人生の意味を観念、理念として確立し、その後、その実践をしていくR男のようなケースもある。

⑨　気分障害のケース「もう若くはない」　三七歳・公務員　S男

問　題：S男は、二年前に本人の女性問題がもとで離婚し、その後、うつ状態となり三ヶ月の間、精神科病院で入院をする。退院後、外来で臨床心理士のカウンセリングをうけることになる。S男は「うつ病」と主治医から診断され、臨床心理士による面接の初期には公務員の仕事に不満が多く、辞職して自分の能力を試せる仕事がしたいという。

パーソナリティ：プライドが高い、勝気、外向的。

家　族：父親はまじめな会社員。S男が小学二年生時、情緒が不安定な母親は家を出る。以後、父親の手によってS男とその妹も育てられる。また、父親のコネによってS男は、高校卒業後、公務員となる。就職した当初より、仕事がおもしろくない、上司が厳しいという不満が多く、二四歳時に結婚をし、三六歳時に離婚する。

面接担当：精神科病院に勤務する臨床心理士（男性）が三四回面接（二年間）。

〈面接過程〉

〈第I期：何でもできると思う自分〉（#1～9）

面接当初は、仕事内容や職場の不満を述べ、「司法書士、臨床心理士、公認会計士、ケアマネージャー」など次々になりたい自分をあげる。これらの資格を修得し、「人から認に聞いていく。

められる自分になりたい」という。治療者は、それぞれの資格修得の方法について具体的

〈第Ⅱ期：女性に走る〉（#10～24）

公認会計士の試験を受け、不合格であったため、仕事の帰りにスナックに立ち寄る。そこで出会ったある女性と交際を始める（#10）。面接では、何になりたいかを問うが具体的な答えはない。二ヶ月間の女性との交際後、その女性と別れ、S男の失意が続く。面接では、幼い頃の母親との別れ、妻との別れの悲しい体験を話す。S男の「誇大自己」は縮小し、「何もできないのではないか」という不安を訴える（#18～24）。

〈第Ⅲ期：地に足をつける〉（#25～34）

S男は、仕事で業績を上げ、上司からもほめられることが増える（#25）。治療者は、なるべく働いているS男の話を多く聞き、S男の現実感を育成していく。S男は、「もう若くはない、四〇歳になろうとしている。今の仕事で充実したい」という（#30）。面接は、S男の昇進を見とどけて終える。

〈考　察〉

シーヒー（一九七四）は、人生において三〇歳から四〇歳までの一〇年間でキャリアを固めることを強調している。四〇歳を迎えようとしていたS男は、失恋を契機に「もう若

くはない」と気づき、地に足をつけた現実的な自分について見つめ直し、さまざまな希望としていた職をあきらめて落ち着いていったと思われる。このような安定感をまねいたのは、クルンボルツら（二〇〇四）のいう「計画された偶発性」、つまり予期せぬ出来事（S男にとっての失恋）が現実的なキャリア形成に役立つことにつながったと思われる。

気分障害のケースのなかにS男のような誇大自己（grandiose self：何でもできるという幻想をもった自分）をもつ者に対しては、実際の自己を試す経験と加齢とが相乗して現実的な自己に落ち着く例もある。

⑩　気分障害のケース「気分次第で責めないで」二七歳・無職　T子

問　題：T子は、父親の勧めで歯科衛生士専門学校へ通い、資格を得る。その後、歯科医院に就職したものの、スタッフから注意をうけてプライドが傷つき、不眠、食欲不振、うつ状態が続き退職して精神科クリニックへ通院する。

パーソナリティ：わがまま、プライドが高い、未熟。

家　族：内科医のやさしい父親とT子と共生関係にある主婦の母親とのひとりっ子。T子は、交友関係は少ないが高校生時より三歳上の彼氏がいる。

面接担当：精神科クリニックの臨床心理士（女性、四〇代）が四四回面接。

〈面接過程〉

〈第Ⅰ期：うつと攻撃のくり返し〉（#1～8）

T子は、クリニックで「うつ病」と診断され、うつ状態とともに歯科医院のスタッフへの非難と攻撃を示す。カウンセラーは、しばらくT子のうつ状態と攻撃をうけとめていく面接を行い、T子を落ち着かせる。しかし、時々、自宅でリストカットを示す。

〈第Ⅱ期：母親との自立の葛藤を示す〉（#9～22）

自宅療養中のT子は、母親へ将来の不安を訴えたり、母親に甘えて夜、いっしょに寝たりする。母親も面接に通い、カウンセラーにT子との関わり方を相談する。T子のうつ状態は、一定ではなく、家族と外で会食をしたり、彼氏とデートする時にはうつ状態はなく、家事を無理に手伝わせたりするとうつ状態が生じる。母親はカウンセラーの助言からT子の自立を促すように生活のなかで工夫をしていく。T子も面接のなかで母親に甘えている自分に気づいていく（#20）。と同時に少しずつ将来の進路の話も出てくる。

〈第Ⅲ期：コンビニのアルバイトを始める〉（#23～30）

いきなり就職することについては不安もあり、コンビニのアルバイトを行ってみることになる。アルバイト先で店長から時々、注意をうけるが、T子は素直に聞きいれ、仕事もはかどっていく。時折、「自分はダメだ」といってみたり、逆に店長からほめられて「自分は何でもできる」といってみたりする。アルバイトをする過程で「職場や社会ではルールが重要であること」を理解していく。

〈第Ⅳ期：ライセンスを活かして再就職をする〉（＃31〜44）

彼氏の助言の影響をうけて、歯科衛生士の資格を活かして、T子はさまざまな歯科医院に対して採用してもらうことに挑戦していく。「今度は失敗したくない。他人のせいにするより自分が成長したい」ともいう。多くの採用面接をうけて某歯科医院に勤務できるようになる（＃41）。そこでのT子の適応の様子をカウンセラーはみていき、T子は適応していると判断して一年半の面接を終える。

〈考　察〉

うつ病（うつ状態）も時代とともにその病理や状態も変化していく。T子のうつ状態は樽味（二〇〇五）のいう「ディスチミア親和型うつ病」ととらえられる。本書の燃えつき症候群のところでふれたケースG男の「メランコリー親和型うつ病」とは異なったもので、「ディスチミア」（気分変動）の名の通り、置かれる状況や自分の欲求通りか否かで気分の変化が生じるうつ病である。二つのタイプの相違点は、表39に示した通りである。

このタイプへの治療は、休養と服薬が中心ではなく、親から自立した自発性や自己抑制力の育成やクライエントが語る他罰内容をうけとめながら自分の問題に気づかせる内省力の成長促進がポイントとなる。

⑪　統合失調症のケース「自閉からの逃走」三四歳　U子

問　題：U子は、二〇歳時に幻聴と不眠、被害妄想が生じて約一〇年間の精神科病院での入院生活をおくる。診断は、統合失調症（schizophrenia）であり、病院では薬物療法、作業療法、心理劇などの治療をうける。三〇歳時に退院し、病院のデイケアに一年通う。その後、精神障害者共同作業所に通い、絵画の教師（五二歳、男性）に出会い、その教師の助手として就職する。U子は、入院当初の五年間は「自閉」が続き、その後五年間は作業療法と心理劇を行い、退院後は、デイケア、職業訓練を行って「自閉」は寛解していった。

パーソナリティ：過敏、神経質、内向的。

家　族：肉体労働をしていた厳しい父親と男性的な母親のもとで育つ。U子の家は貧困で幼い頃から中学生まで他児からいじめられていたという。二歳下の妹も高校生時に精神的な病を患い治療をうけている。U子は高校卒業後、工場に勤務していたが、対人関係は孤立し、発病する。

面接担当：精神科病院に勤務する臨床心理士（女性、中年）が、U子が入院してから就職をするまでの一四年間の面接を行う。

〈面接過程〉

〈第Ⅰ期：関わりたいけど関われない〉（入院からの六年間）

入院当初は、陰性症状が強くあり、保護室での生活が続いた。U子と治療者（面接担当者）が初めて関わったのは、入院して一年目頃だった。症状が軽減したため主治医の要請で面接を始める。面接当初は、会話が少なく、時折、過去の話をしていた。病棟でもスタッフや他患者との交流が乏しく、治療者との関わりが中心であった。面接は、いつも三〇分程度で茫乎としたままであった。

〈第Ⅱ期：現実世界へ一歩歩む〉（入院六年目から退院まで）

U子は、症状として幻聴のみとなり、心理的には次第に安定してくる。面接では、治療者個人のことを聞いて接近してくる。そこで作業療法を行うことの提案を主治医にして作業療法が始まる。U子は、料理、裁縫、絵画は上手で自信をつけていく。面接では作業療法の話が多い。入院して一〇年目に主治医より退院の勧めがあり、U子は退院準備を始める。U子の障害年金の申請、ケースワーカーとのアパート探し、退院後のデイケアの練習を行う。

〈第Ⅲ期：現実社会への旅立ち――運命の出会い〉（退院後から四年）

退院し、デイケアに通うU子との面接では、さまざまな不安の訴えがあった。治療者はU子を根気強く支え続けた。デイケアの内容がU子にとってマンネリ化してきたので共同作業所を紹介し、U子は、そこで仕事をし、少しばかりの給与をもらい「働いている喜び」を感じるようになる。作業所に来ていた絵画教師とU子は運命の出会いをし、U子の描画センスがみこまれて、正式に助手として就職することになる。U子は、「自分の世界が今までと変わってきた」という。U子の表情は、一四年前に出会った時のそれとは明らかに異なっていた。

〈考　察〉

入院を必要とする精神疾患をもつ患者に対してキャリアを形成していくことは容易ではないが、U子のように医師、看護師、作業療法士、ケースワーカー、臨床心理士、地域の訓練所などのチーム医療という連携があってキャリアを形成していく例もある。ポイントとしては、患者にとってなるべくストレスの少ない仕事、やってみて可能な仕事、それにキャリアカウンセラー（臨床心理士）の表17に示す「支え」が必要であることがあげられる。

⑫　統合失調症のケース「大学の巣の上で」二〇歳・大学生　Ｖ男

問　題：Ｖ男は、大学の工学部建築科に入学し、二年生時より不眠と幻聴が生じ大学を長期（二ヶ月）欠席する。欠席時に両親が心配し、近隣の精神科クリニックへＶ男をつれていき、そこでＶ男は、統合失調症と診断される。復学後、大学の学生相談室へ来談し、学生生活で適応できるように支援していく。Ｖ男は、場違いな言動や他の学生との交流をもたない自閉傾向を示し、家庭では入浴を拒否し、自室の整理はせず異臭がただよう不潔な部屋のままで放置する。

パーソナリティ：内向的、こだわりが強い、正直。

家　族：整骨院を開業する厳しい父親と温厚で風変りな母親の長男として育ち、下に成績優秀な弟二人がいる。Ｖ男は、幼い頃よりおとなしく、昆虫に興味を示し、両親から厳しく育てられる。成績は中程度であったが、一年浪人をして国立大学へ入学する。

面接担当：大学の学生相談室のカウンセラー（男性、四〇代）が九二回面接。

〈面接過程〉

〈第Ⅰ期：不眠と幻聴で悩む〉（#1～12）

Ｖ男とカウンセラーが最初に会ったのはＶ男が二年生の後期の時であった。当初は父親から相談室へ行けといわれてきたといい、精神科クリニックへ通院しているという。カウンセラーは、クリニックの主治医と連絡をとり、V男の病態について詳しく聞く。軽度の統合失調症ということでカウンセラーはV男の学生生活を支えていくことにする。

〈第Ⅱ期：遠くへ行きたい〉（#13〜52）

毎週一回カウンセリングを行い、V男は三年生になり、何とか授業だけは出席できる。幻聴が生じ、授業が理解できないこともあるが、クリニックの主治医の助言を守り、出席だけはする。人ごみに入ると自分について悪いうわさがガヤガヤと聞こえてくることがあるという。家庭では自室にこもってクラシックの曲をヘッドホーンで聞いて幻聴を紛らわしているという。そんな自分がいやにいなり、時々、「遠くへ行きたく」なり、実際に四時間もかけて目的のない散歩をする。カウンセラーは、なるべくV男が大学生以前の健康であった頃を中心に聞き、現在のV男の苦しい生活に直面させまいとする。

〈第Ⅲ期：就職課と連携して就職ができる〉（#53〜92）

カウンセラーは、V男を担当するゼミの教員にV男の病態を説明し、V男のゼミの学生や教員にV男に対する関わり方を助言していく。教員や学生はV男に偏見をもつことはなく、対等に関わっていく。四年生になって、V男は就職の話をしはじめ、突然、それまでタッチしなかった家の自室を掃除したこと、二ヶ月間ヒゲをそらないで入浴しなかったがヒゲをそり、入浴したということを話す。しかし、具体的な就職先の希望はない。V男は、建築についての設計技術は他の学生よりも優れていた。このことをカウンセラーは大学の就職課に伝え、就職課は具体的にＶ男の就職を支援していく。四社も受験したがすべて不採用となりＶ男の気分は落ちこむことが多かった。カウンセラーと採用面接の練習をして五社目に某建築会社に採用が決まる。勤務内容は、個人で顧客の建築設計をしていくというものでＶ男の苦手な対人関係は少なく、設計技術が重視される仕事であった。Ｖ男は卒業式にも参加し、カウンセラーとの最後の面接に来談し、Ｖ男からＶ男が小学生時代につくった昆虫採集（多くの昆虫を腐敗しないように箱に整理したもの）をプレゼントしてもらう。

〈考　察〉

統合失調症にもＵ子のような入院が必要なケースからＶ男のように外来通院だけで社会に適応できるケースまでその病態水準がある。また、思春期に発症し陰性症状（自閉、思考貧困など）が主の「破瓜型」、Ｖ男のように二〇代に初症し陽性症状（幻聴、妄想など）が主の「緊張型」、成人期以後に初症し妄想のみの「妄想型」がある。

その治療においては、精神科病院による薬物療法とＵ子のようにチーム医療による社会復帰をめざした心理療法との併用がある。Ｖ男の治療においては、学生相談室と精神科クリニックとの連絡と連携、また、カウンセラーによる大学内での教員や学生への偏見が生じないことをねらった統合失調症についての正しい説明、およびカウンセラーと大学の就職課との連携によるV男の就職決定が奏功したととらえられる。

⑬　発達障害のケース「生きづらさからの脱皮」二〇歳　W男

問　題：W男は高校生時まで成績が悪く、いじめられて友人も少なかった。進路指導の先生の勧めで営業の仕事につくが、客に対して商品の説明ができず、度々、上司からしかられる。それをきっかけにW男は不眠が続き、精神科クリニックへ通院しはじめる。そこでの主治医は、①言語表現力の乏しさ、②特定の野球選手へのこだわり、③極度の几帳面さ、がんこさなどをみて自閉傾向（autistic）をもつ患者として診断した。そのクリニックの臨床心理士によって心理テストと心理面接を行い、W男は転職を考えるようになった。

パーソナリティ：内向的、几帳面、がんこ、神経質。

家　族：おとなしい警察官の父親とやさしく温和な母親のもとで育ち、上に三人の姉がいる。W男は保健所の三歳児健診では問題はなかった。しかし、小学校と中学校時は、おとなしく、友人は少なく、プロ野球を観ることだけに興味があった。成績は悪く、両親から勉強をするように厳しくいわれていた。高校は、何とか入学でき、クラブも入らず、プロ野球の本ばかりを読んでいた。

面接担当：精神科クリニックに勤務する臨床心理士（男性、三〇歳代）が二一回面接。

〈面接過程〉

主治医の指示で治療者はＷＡＩＳ、ＭＭＰＩ、バウムテストを行う（＃１）。結果は、ＩＷ＝82、言語性知能＝71、動作性知能＝80であった。バウムテストでは、冠を太く描き、防衛的で自閉性がとらえられた。ＭＭＰＩは、６―８コードで妄想傾向、風変わりなパーソナリティがとらえられた。Ｗ男にテストのフィードバックをするが、「そうですか」といって反応はない。睡眠薬投与が効果を示して眠れるという。仕事をやめて新しい仕事を探したいという（＃５）。会話が進まないのでプロ野球の話をすると話がはずむ。その過程でお客さんを相手にする仕事は向いていないという。心理テストの結果にもとづいて治療者がＷ男の職業適性についてを助言していく。その後、ハローワークに行き、荷づくり作業の仕事をみつけてくる（＃18）。その職場でＷ男は適応していったために面接を終える。

〈考　察〉

今日、発達障害（developmental disorders）が注目されているが、ひとくちに発達障害といっても自閉症スペクトラム障害、アスペルガー症候群、学習障害、ＡＤＨＤなど多くの種類がある。その診断は、医師を中心に臨床心理士による心理テストの実施を介して行うことが多い。W男の場合も心理テストの活用が適切なキャリアを導いている。

永山ら（二〇一三）は、発達障害の者への関わりについて、①体験世界共有型、②異質な他者型、③関係介入型、④小集団活用型、⑤適応推進型の五つの型があるという。W男については、①体験世界共有（野球の話をする）と⑤適応推進（ハローワークへ通って仕事をみつける）とが奏功したと思われる。W男は軽度の発達障害であったが、重度の場合には、専門の施設や職業訓練の通所が必要である。

⑭　ダウン症のケース「芸は身を助く」三〇歳　X子

問　題：X子は、母親が三七歳時に出産した高齢出産の子どもでＩＱが60程度のダウン症児であった。父親はX子が出生してすぐに六五歳で死亡し、上に四二歳の姉がいる。X子は、ひとなつっこいが、対人的距離がとれずトラブルを起こしやすい。また、施設に長期いてホスピタリズムに陥っていた。小学・中学は特別支援学校を卒業し、職業訓練学校に通い、その後、多くの軽作業の工場に勤めるがどこでもトラブルが生じるので障害者施設に入所していた。

パーソナリティ：明るい、ひとなつっこいが、時に攻撃的になる、依存性が強い。

家　族：六七歳の母親と長女が食堂を経営している。X子は、幼い頃より料理に関心があった。母親と姉はX子に手がかかりよい関係ではなかった。家族は、X子を施設にあずけて任せている状況であった。

面接担当：障害者施設の常勤の臨床心理士（女性、三〇代）がX子が入所中に七二回面接。

〈面接過程〉

〈第Ⅰ期：プレイセラピーで遊ぶ〉（#1～10）

入所当時、X子は他の入所者と頻繁にトラブルを生じさせていた。そこでカウンセラーがトラブルの仲介を何度も行い、定期的にプレイセラピー（箱庭、コラージュ、描画など）を行っていた。

〈第Ⅱ期：箱庭で家、家族、料理が多く登場する〉（#11～50）

カウンセラーは、プレイセラピーを毎回行いながら施設でトラブルが生じないようにX子に対人的距離のとり方を指導していく。

箱庭では、頻繁に家、ドールプレイ（人形の母や姉）が登場し、家族関係のストーリーを展開させていく。そこではカレーライス、焼肉、スパゲッティなどの料理のできるX子がヒロインとなる。X子の言語表現ははっきりしないが、カウンセラーはX子の表現したいであろうとする内容を補っていく。

〈第Ⅲ期：家族を説得する〉（＃51～55）

X子の社会復帰をふまえて、何度かX子の母親と姉を施設に呼んで面接を行う。当初は、X子が家庭に戻ることについて拒否的であったが、カウンセラーは、X子の将来やX子の母親と姉の将来についてもふれてX子の家族参加を母親と姉に説得していく。その後、時折、X子の家庭での外泊が何度か試される。外泊時のX子は、母親や姉と親しく交流をもち、自分の店の手伝いもする。

〈第Ⅳ期：社会復帰を試みる〉（＃56～72）

何度か外泊を試み、大きなトラブルもないことからX子は施設でのマンネリ化した生活から脱却し、家庭に戻りたいといい出す。約五年間に及ぶ施設での生活から社会復帰をしていくことになる。X子は幼い頃より料理が好きで料理が上手なことから自分の店の手伝いを中心に社会復帰が可能となる。

〈考　察〉

ダウン症（Dawn's syndrome）は、一八八六年にダウンが名づけ、染色体の異常による発達障害といわれている。母親が三五歳以上の高齢出産によって発症しやすく、六〇〇人～七〇〇人のうちの一人の確率で発症するという。「トリソミー型」「モザイク型」「転座型」の三つのタイプがあり、知的障害、運動機能障害をともない、とくに言語発達の遅れと明るく外向的であるが、自己中心的な特徴をもつといわれている。

X子のようなケースに対しては、非言語コミュニケーションによりラポールを形成した後、ことばによる指導、教育が身につきやすい。また、X子が幼い頃より料理が好きで得意であったことが身を立てていく社会復帰につながったととらえられる。

用語解説

・アイデンティティ

エリクソンが、一九五〇年代からアメリカで青年期の発達課題として「自我同一性」(ego identity)の確立を唱えた。アイデンティティという意味の語は、本来、日本語にはなく、「同一性」とは、自分であること、真の自己、主体性という意味があり、「自我同一性」とは、社会から是認された自己像という意味をもつ。わが国では、臨床分野や青年心理学で一九七〇年代から一九八〇年代までさかんにアイデンティティの形成が強調された。しかし、一九九〇年代からの社会変動の激しさやソ連とのペレストロイカによって次第に社会の価値観の要請に応じた自己実現というアイデンティティの概念は重視されなくなっていった。

・アセスメント(assessment)

心理診断、心理査定ともいい、クライエントのカウンセリングや治療の方針について、問題行動、症状、生育歴、環境要因などクライエントに関する情報を得て判断することをいう。面接法や観察法、心理テストを介して情報を得る。キャリアカウンセリングにおいては、とくに職業適性やパーソナリティ、職業興味についてを重視する。コンピュータによるキャリアガイダンスを

ＣＡＣＧ（computer assisted career guidance）といい、クライエントにコンピュータによってキャリアアセスメントを行っている。

・甘え（amae）

精神科医の土居健郎が日米の患者の特性の比較から、わが国の国民性として「受身的対象愛」という意味をもつ「甘え」に注目した。この語には、欧米の「個」の形成に対比した「和」を重視し、我をひかえ、他者へ依存する文化的背景がある。わが国におけるキャリア形成上の「コネ」「〇〇大学閥」、などの血縁、地縁の影響力もこの「甘え」が背景にある。

・ＥＡＰ（employee assistance program：従業員支援プログラム）

アメリカで一九四〇年代から企業内のメンタルヘルスサービスの一環として始まった産業カウンセリングプログラム。当初は、アルコール依存症や薬物依存の予防のためであったが、一九六〇年代から従業員のメンタルヘルス全般やキャリアカウンセリングのプログラムとして実施されはじめた。短期間のカウンセリングが特徴である。

・意思決定（decision-making）

心理学では、目的の達成にとって最も効率のよい決定の仕方を論じる。ジェラットは、キャリアカウンセリングの意思決定について、①目的設定、②情報収集、③情報分析、④可能な選択肢を並べる、⑤決定の結果を評価するの手順をあげている。また、意思決定の動機づけに関しては、自己効力感や仕事に抱く期待が大きく影響している。

・インターンシップ（internship）

特定の職の経験を積むために企業や組織において労働に従事している期間。中学校では二～三日間、高校や大学では三日～一週間程度の企業実習を行う。一九六〇年以前にあった「啓発的経験」と同じものである。現在、高校の七四％、大学の半数がこのインターンシップを行っている。

・ウェルビーイング（well-being）

ＷＨＯの定義では心身が健康で社会的に良好な状態をいう。俗にいう「幸せな状態」をいう。フロムが、かつて時とともにヒトは所有的価値（地位、収入、職種）から存在的価値（心の豊かさやヒトのためになる存在）へと移行するであろうといったようにキャリア形成の価値観は、激しい社会変動の影響をうけて、物や地位の価値観から心の「well-being」が重視され、また、変化してきている。

・エンプロイアビリティ（employability）

この語は、本来、アメリカでの個人と企業との社会契約として用いられ、ヨーロッパではＥＵでの雇用政策として一九八〇年代から用いられている。「職業能力」と訳し、職業上のスキルや知識、パーソナリティ、価値観、協調性が含まれ、それは、企業による支援や訓練でできあがるのか、それとも自助努力による能力なのかの問題もある。

・ガイダンス（guidance）

アメリカで一九三〇年頃より職業指導という意味で用い、適応指導まで展開していった用語。わが国では、学校における生活指導、進路・職業指導という語の意味で用いられている。また、アメリカのカウンセリング心理学界で長年、カウンセリングとはガイダンスか、それともクライエントの主体性を重視するロジャースの非指示的カウンセリングかが論議されてきた。

・カウンセリング（counseling）

語源は、聖書の中の「counsel of perfection」にあり、天国に入ろうとするヒトへの完全（神に近づく）の勧めの意味に始まる。英語では、相談、助言、意図、分別に近い意味があるが、アメリカにおいてロジャースによる非指示的カウンセリングが紹介され、心理臨床の分野ではガイダンスをしないカウンセリングの意味で用いられる。一般市民やマスコミは、カウンセリングを指示や助言ととらえて用いている。

・キャリア（career）

生涯にわたる一連の職業上の活動や行動のことをいう。職業としてのキャリアについての価値観は、①仕事重視、②会社重視、③勤務環境重視の三つに大別される。昨今では、キャリアの意味は、人生における生き方や価値観という広い意味も含んで用いられている。

・キャリアアダプタビリティ（career adaptability）

現在、あるいは今後のキャリア発達課題、職業上の転機、職業上のトラウマ（ストレス）に対処するためのレディネスやリソースをいう。サビカスは、キャリアアダプタビリティの次元として、①関心⇕無関心、②統制⇕不決断、③好奇心⇕非現実性、④自信⇕抑制の四つをあげている。この次元は、本書の表18で示した自我の強さの基準と相通じるものがある。

・キャリアアンカー（career anchors）

キャリアアンカーとは、勤務上で「～が得意だ」「～に価値を置いている」などの職業上の自己概念をいう。シャインは、会社の価値に個人が染まるのではなく、個人が独自のキャリアを歩むという見解からこの概念を唱えた。キャリアアンカーをみていく際、単純にキャリアアンカーと職業とを結びつけないことや（例：大工は知的なものは必要ない）、アンカーは一つではないこと（例：一つの仕事にはある一つの能力だけが必要ではない）に留意する必要がある。

・キャリアデザイン（career design）

自分自身と職業状況の両方を視野にいれて将来の見通しをもち、キャリアを実現するために行動することをいう。この語は、シャインのキャリア論に即して梶原が一九八〇年代に最初に用いた。シャインは、とくに「転機」において、①自分は何が得意か、②自分は一体何がやりたいか、③どのようなことをする自分がその意味を感じるかを問うことを強調した。

・計画された偶発性（planned happenstance）

クルンボルツは、偶然に起きる予期せぬ出来事からも自分のキャリアは形成され開発されると説き、その予期せぬ出来事を大いに活用すること、偶然を必然化することを勧めている。倒産や病などを契機に新しいキャリアを形成していった者は多い。

・コンサルテーション（consultation）

本来は、専門分野が異なる専門家どうしが関係をつくり、連携をしてクライエントの支援を行うことをいう。日本語では、相談、助言と訳し、「ガイダンス」よりも専門的助言という意味をもつ。文部科学省は「キャリア教育」（進路指導）という語を用い、厚生労働省は「キャリアコンサルティング」という語を用い、前者を実施する者を文部科学省は「キャリアカウンセラー」といい、後者を実施する者を厚生労働省は「キャリアコンサルタント」という。行う者をコンサルタントといい、受ける者をコンサルティという。

・**自己効力感**（self-efficacy）

バンデューラが、何かが行動または学習できるという期待のことを自己効力感といった。行動をしてある結果が出る結果期待と、自分が十分に遂行できるという効力期待とがある。また、「有能感」（competence）とは、自分が有能であると自己評価することをいう。自己効力感は、「自尊感情」（self-esteem）とも関連がある。

・**自己実現**（self-actualization、self-realization）

マズロー、ロジャース、ユング、ライヒ、ホーナイなど学者によってこの意味は微妙に異なる。自己の絶えざる可能性の実現という意味をもつ。キャリア形成と異なる点として自己実現という語は、「社会化」の側面が弱く、フランクルは、過度の自己実現への関心は、自己破綻をまねくといっている。

・**7・5・3現象**（7・5・3 phenomenon）

わが国で一九八〇年代以降、中卒の七〇％、高卒の五〇％、大卒の三〇％が離職・転職する現象をいう。この現象の背景には、現代青年の自我の弱さとともに企業側の新入社員への研修・教育の不備もある。

・**社会構成主義**（social constructionism）

二一世紀を迎える頃、そもそも一貫した自己というものが存在するのかという問題が投げかけられた。社会構成主義は、自己は流動的、断片的であり、社会的な交流や談話の過程であるととらえる。心理療法流派のなかの「ナラティブ療法（narrative therapy）」や「ブリーフ療法（brief therapy）」がこの見解にもとづいている。

・**順応**（adaptation）

個人の機能、状態などを外的条件に応じて変化させることをいう。「適応」という語に比べて消極的、受身的な意味をもつ。キャリア形成において社会変動が激しい場合、「順応」を説き、逆に社会が安定している場合、「適応」を説きやすい。

・**採用選考**（employment selection）

企業が被雇用者を選ぶことをいう。長期雇用を前提とした新卒一括採用と中途採用とがあり、前者はストック型人材、後者はフロー型人材を求めていることが多い。わが国では、採用選考ツールとして、主に面接と作文が多い。主に仕事への動機づけの強さを中心に評価しやすく、「根まわし」「コネ」といったものの影響が強い。

・**職業適合性**（vocational fitness）

スーパーが人と職業とのふさわしさを規定する条件としてあげた用語。主にパーソナリティと能力をあげている。昨今では、パソコンを用いたO'NET（occupational information network）によって職業上の情報や必要な能力が呈示できるようになっている。

・**心理療法**（psychotherapy）

心の治療法のことをいう。精神科医が行う場合を「精神療法」、臨床心理士が行う場合を「心理療法」といい、精神分析療法、行動療法、ユングの分析的心理療法などその流派は多い。ロジャースの「非指示的カウンセリング」も「クライエント中心カウンセリング」といって心理療法に含まれる。キャリアカウンセリングにおいて各種心理療法の身体ごとの習得が必要であるが、その専門家の数は少ない。

・**進路指導**（career guidance）

アメリカのパーソンズによる二〇世紀初期の青年の進路の指導から始まっている。職業指導よりも広い意味をもち、生き方の指導も含む。わが国では、進学指導と同じ意味で用いられることが多く、進学指導は、有名大学を卒業すれば大企業へ就職できるという通念を形成させたが、一九八〇年代よりこの通念は必ずしも成立しなくなってきている。

・**ストレス**（stress）

セリエが、ネズミの実験で用いた語。心身に何らかのひずみを引き起こす外的刺激を「ストレッサー（stressor）」と呼び、それに対する生体の適応過程をストレスというが、日常では、「ストレッサー」をストレスといっている。ヒトが、刺激をストレスと認知すればストレスとなる。ストレスのない生活もストレスのあり過ぎる生活も心身の健康にはよくないといわれている。

・**青年期の危機**（adolescence crisis）

クレッチマーは、思春期の心身の発達の不均衡から心が不安定になることを「思春期の危機」

といい、エリクソンは、青年期に「自分の社会における位置」（アイデンティティ）を確立できず、それに悩むことを「アイデンティティの危機」といった。しかし、現代青年は、社会変動の激しさや青年の自我形成の未熟さもあって、この危機に直面する者は少ない。

・**積極的不確実性**（positive uncertainty）

ジェラットが、未来は確実には存在せず、予測できないものであるから、創造し、発明していくものととらえた用語。キャリア形成において想像力、直感、柔軟性を強調し、「主観的可能性」と目標を絶えず創造していく「探索的決定」をあげた。

・**男女雇用機会均等法**

雇用の分野における男女の均等な機会及び待遇の確保等、女子労働者の福祉の増進に関する法律。一九八五年に成立し、二〇〇六年には男女双方に対する差別の禁止の法律に改正している。キャリアを職業に限定した「ワークキャリア」と人生全般をふくんだ「ライフキャリア」に分けると、女性の場合、とくに仕事と家事との葛藤が生じやすいという「ジェンダー（gender）」の問題がある。

・**適応**（adjustment）

環境に適合し、しかも単に生存を維持するだけでなく、主体的に環境に対して働きかけていくいとなみをいう。「順応」よりも環境に積極的で能動的態度が強い。

・**適性**（aptitude）

特定の仕事や課題を適切に遂行するために必要な能力や特性を潜在的にそなえた状態、あるいはそうした能力や特性を獲得できる可能性のある状態をいう。個人の素質が基礎となる。カウンセラーや臨床心理士の適性は、「共感性（empathy）」の能力があるかどうかと「現実吟味能力（reality testing）」があるかどうかである。

・**動機づけ（motivation）**

生活体の行動を生起させ、維持し、方向づける過程。外から刺激を与えて動機を促す「外発的動機づけ」と自ら知的好奇心を発揮する「内発的動機づけ」とがある。就業動機づけには、結果の期待や自己効力感の程度、働くことの意味の理解が関連している。

・**統合的生涯設計（integrative life planning）**

ハンセンが、人生には仕事、学習、愛、余暇の活動の統合が重要であるととらえ、キャリアカウンセリングを通してクライエントがより包括的な生活を実現できるよう支援していくことを説いた用語。クライエントの人生の目的という視点からキャリアカウンセリングをとらえている。

・**トランジション（transition：転機）**

シュロスバーグは、中年期の発達的視点として、①文脈的、あるいは文化的、②年齢を軸として発達的、③トランジション、④ライフスパンの四つをあげている。従来は、発達的に成人期から中年期への「移行期」としての「トランジション」が中心であったが、シュロスバーグは、離婚、転職、失業などのライフイベントからみた「トランジション」をとらえた。

・**年功序列と終身雇用**

企業において勤続年数に応じて役職や賃金を上昇させる日本型雇用制度をいう。賃金の査定が容易であるが、①リスクある行動がとれない、②人材の流出、③人事が硬直的となる、④スペシャリストの欠如の問題がある。

・**バウンダリーレスキャリア**（**boundaryless career**）

アーサーらが、職務、組織、仕事、家庭、産業の壁を越えて動くキャリアを名づけた。社内人材以外の人の調達、社外の人たちとの定期的交流をもつ、異なる職種の人々と壁を越えてプロジェクトを組む、ホームオフィスの実施などをいう。

・**バブル崩壊**（**bubble break**）

一九九一年三月から一九九三年一〇月までの景気後退期をいう。地価下落、住宅価格下落、不良債権拡大、大手金融機関の破綻、雇用の抑制などが生じた。

・**フリーター**（**freeter**）

一五歳から三四歳までの正社員、正職員以外の就労形態で生計を立てている人をいう。「フリーアルバイター（free arbeiter）」の略語。「ニート（neet; not in education, employment or training）」の場合は、仕事をしていない人をいう。二〇〇三年には二一七万人に及び、二〇〇九年には一七八万人に達し、二〇一六年には一五五万人に減少している。二〇～二四歳に多い。一九八六年からこの語が用いられるようになった。高齢化したフリーターの増加や、今後はさらにフリーターの増加の影響をうけて少子化となっていくという問題がある。

・**プロテウス**（**Proteus**）

ギリシア神話の海の神。他の物に変身する能力をもつ神。順応能力がある人を「プロテウス」

的人間といい、社会変動にともなって自分を変幻自在に社会に順応していける人のことをいう。臨床心理士の例をあげれば、一九九〇年を境にして臨床心理士の資格ができたことからそれまで臨床心理学は科学ではないと異論を唱えていた実験心理学者の多くが臨床心理学へ転換していった。

・プロティアンキャリア（protean career）

ホールが、組織によってではなく個人によって形成され、その人の欲求に見合うようにそのつど方向転換する変幻自在なキャリアとして名づけた。アイデンティティという語との違いは、自分の一定の「斉一性（sameness）」と「連続性（continuity）」を中心とするアイデンティティに対し、プロティアンキャリアは、さまざまな「〜として」の自分（父親、社員、地域住民、夫として）のなかで社会変動をみて、そのつどの自分を中心に生きていくかという生き方をいう。

・メンター（mentor）

組織のなかの年長者のことをいい、新入社員に仕事上、挑戦しがいのある職務を与えたり、有力な人を紹介したり、悩みの相談にのってあげることを「メンタリング（mentoring）」という。

・ライフスペース（life space）

「ライフコース」は、人生航路とも訳され、また、「ライフサイクル」は、人生周期とも訳されるように生から死の循環を意味する。スーパーの「ライフスペース・ライフスパン」理論は、キャリアを長いライフコースでとらえ、年齢の区分を「ライフスパン（life span）」といい、「ライフスパン」のなかでの役割を「ライフスペース」としてとらえた。この「ライフスペース」は、

「ライフスパン」とともに子ども→学生→市民→労働者→家庭人と役割が展開していく。

・リーマンショック（Lehman shock）

二〇〇八年九月にアメリカのリーマン・ブラザーズが破綻したことで世界的金融危機が生じたことをいう。わが国では、当初、直接的な影響を受けなかったが、次第に大幅な景気の後退へとつながっていった。

・臨床心理士（clinical psychologist）

それまで実験心理学が心理学の中心分野であったが、一九九〇年に日本臨床心理士資格認定協会が認定する臨床心理士の資格がつくられたため、一般市民ににわかにこの分野に注目されはじめた。実際の職業は、病院での臨床心理士か、あるいは非常勤のスクールカウンセラーがほとんどでキャリアカウンセリングを職務にしている者は少ない。二〇一五年に国会で「公認心理師」という名称が認められた。今後は、「臨床心理士」と「公認心理師」の二種類の資格がキャリアカウンセリングを行っていく者の資格に連なると思われる。

文献

第1章

江口圭一・戸梶亜紀彦（二〇一〇）．労働価値観測定尺度の開発．産業・組織心理学研究、第二三号、一四五－一五四頁．

Hall, D. T. (1976). *Careers in organizations.* Foresman.

Hall, D. T. (2002). *Career in and out organization.* Sage.

厚生労働省（二〇〇二）．キャリア形成を支援する労働市場政策研究会報告書．（http://www.mhlw.go.jp/houdou/2002/07/h0731-3.html　閲覧日：二〇一七年五月一〇日）

厚生労働省（二〇〇四）．若年者の就職能力に関する実態調査結果．（http://www.mhlw.go.jp/houdou/2004/01/dl/h0129-3a.pdf　閲覧日：二〇一七年五月一〇日）

国立教育政策研究所（二〇一三）．平成25年度全国学力・学習状況調査．（http://www.nier.go.jp/13chousakekkahoukoku/　閲覧日：二〇一七年五月一〇日）

三川俊樹（一九九一）．日本の青年における職業（労働）価値観．カウンセリング研究、第二四号、一二七－一三六頁．

文部科学省（二〇〇四）．キャリア教育の推進に関する総合的調査研究協力者会議報告書．（http://www.mext.go.jp/b_menu/shingi/chousa/shotou/023/toushin/04012801.htm　閲覧日：二〇一七年五月一〇日）

文部科学省（二〇〇八）．学習指導要領

文部科学省（二〇一一）．中央教育審議会．今後の学校におけるキャリア教育・職業教育の在り方について．（http: //www. mext. go. jp/component/b_menu/shingi/toushin/__icsFiles/afieldfile/2011/02/01/1301878_1_1.pdf　閲覧日：二〇一七年五月一〇日）
新村出（編）（一九九五）．広辞苑．岩波書店．
日本経済団体連合会（二〇〇四）．21世紀を生き抜く次世代育成のための提言　（https://www.keidanren.or.jp/japanese/policy/2004/031/index.html　閲覧日：二〇一七年五月一〇日）
日本商工会議所（二〇一三）．商工会議所キャリア教育活動白書．（http://www.jcci.or.jp/news/jcci-news/2013/0430150427.html　閲覧日：二〇一七年五月一〇日）
日本労働研究機構（二〇〇九）．日本人の就業実態に関する総合調査．（http://www.jil.go.jp/press/documents/20101228.pdf　閲覧日：二〇一七年五月一〇日）
日本労働研究機構（二〇一〇）．若年求職者の適性評価．（http://www.jil.go.jp/institute/siryo/2010/073.html　閲覧日：二〇一七年五月一〇日）
Sampson, Jr. J. P. (1999). Integrating internet-based distance guidance with services provided in career centers. *The Career Development Quarterly*, **47**, 243-254.
総務省（二〇〇四）．平成15年国勢調査．
下村英雄（二〇〇七）．中学校におけるコンピュータを活用したキャリアガイダンスが進路自己効力感に与える影響．教育心理学研究、第五五巻、二七六-二八六頁．
寺田盛紀（編）（二〇〇四）．キャリア形成・就職メカニズムの国際比較．晃洋書房．
寺田盛紀（二〇一四）．キャリア教育論．学文社．

第2章

Arthur, M. B. et al. (2000). *Career frontiers*. Oxford University Press.

Bandura, A. (1971). *Psychological modeling*. Aldine–Atherton. （原野広太郎・福島脩美（訳）（一九七五）．モデリングの心理学．金子書房．）

Crites, J. O. (1981). *Career counseling*. McGraw–Hill

Erikson, E. H. (1950). *Childhood and society*. W. W. Norton. （仁科弥生（訳）（一九七七–一九八〇）．幼児期と社会Ⅰ・Ⅱ．みすず書房．）

Gelatt, H. B. (1989). Positive uncertainty. *Journal of Counseling Psychology*, **36**, 252–256.

Hall, D. T. (1976). Career in organizations. Foresman.

Hall, D. T. & Mirvis, P. H. (1996). The new protean career. In D. T. Hall & Associates (Eds.) *The Career is dead*. Jossey–Bass.

Hall, D. T. (2002). *Career in and out of organizations*. Sage.

Hansen, L. S. (2001). Integrating work, family, and community through holistic life planning. *The Career Development Quarterly*, **49**, 261–274.

Herr, E. L. (1978). 日本学生相談研究会での講演．

Holland, J. L. (1985). Making vocational choices. Prentice–Hall. （渡辺三枝子ら（訳）（一九九〇）．職業選択の理論．雇用問題研究会．）

厚生労働省（二〇一一）．キャリア・コンサルティング研究会報告書．(http://www.mhlw.go.jp/stf/houdou/2r98520000016ueo.html　閲覧日：二〇一七年五月一〇日)

Krumboltz, J. D. & Levin, A. S. (2004). *Luck is no accident.* Impact Publishers.（花田光世ら（訳）（二〇〇五）．その幸運は偶然ではないんです．ダイヤモンド社．）

宮城まり子（二〇〇二）．キャリアカウンセリング．駿河台出版社．

長尾博（二〇〇一）．現代臨床心理学講座．ナカニシヤ出版．

日本臨床心理士会（二〇〇九）．第5回臨床心理士の動向ならびに意識調査．

Rogers, C. R. (1942). *Counseling and psychotherapy.* Houghton Mifflin.（佐治守夫（監訳）（一九六六）．ロージァズ全集2巻．岩崎学術出版社．）

Rogers, C. R. (1957). The necessary and sufficient conditions of therapeutic personality change. *Journal of Consulting Psychology*, **21**, 95–103.

Savickas, M. L. (2005). The theory and practice of career construction. In S. D. Brown & R. W. Lent (Eds.). Career development and counseling. John Wiley & Sons.

Schein, E. H. (1978). Career dynamics.（二村敏子・三善勝代（訳）（一九九一）．キャリア・ダイナミクス．白桃書房．）

Schlossberg, N. K. (1989). Overwhelmed. Lexington Books.（武田圭太・立野了嗣（監訳）（二〇〇〇）．選職社会転機を活かせ．日本マンパワー出版．）

Super, D. E. (1951). Vocational adjustment. *Occupations*, **30**, 88–92.

Super, D. E. (1969). 職業指導研究セミナー報告書．日本職業指導協会．

寺田盛紀（二〇一四）．キャリア教育論．学文社．

Williamson, E. G. (1939). *How to counsel students.* McGraw-Hill.

第3章

傳田健三（二〇〇八）．児童・青年期の気分障害の診断学．児童青年精神医学とその近接領域、第四九号、二八六−二九二頁．

DODA（二〇〇九）．転職に関する調査．

厚生労働省（二〇〇七）．川上憲人 こころの健康についての疫学調査に関する研究．（http://www.khj-h.com/pdf/soukatuhoukoku19.pdf 閲覧日：二〇一七年五月一〇日）

厚生労働省（二〇一二）．知ることからはじめよう！ みんなのメンタルヘルス 摂食障害．（http://www.mhlw.go.jp/kokoro/speciality/detail_eat.html 閲覧日：二〇一七年五月一〇日）

厚生労働省（二〇一五）．労働市場分析レポート．（http://www.mhlw.go.jp/stf/seisakunitsuite/bunya/koyou_roudou/koyou/roudou_report/index.html 閲覧日：二〇一七年五月一〇日）

Litwak, E. (1960). Occupational mobility and extended family cohesion. *American Sociological Review*, **25**, 9-21.

松原耕平・佐藤寛・石川信一ら（二〇一六）．小学校から中学校への移行期における子どもの抑うつ症状の発達的変化．行動医学研究、第二二号、三−八頁．

文部科学省（二〇一二）．平成19年度児童生徒の問題行動等生徒指導上の諸問題に関する調査．（http://www.mext.go.jp/a_menu/shotou/seitoshidou/1278479.htm 閲覧日：二〇一七年五月一〇日）

文部科学省（二〇一四）．平成25年度児童生徒の問題行動等生徒指導上の諸問題に関する調査．（http://www.mext.go.jp/b_menu/houdou/26/10/1351936.htm 閲覧日：二〇一七年五月一〇日）

文部科学省（二〇一五）．平成26年度児童生徒の問題行動等生徒指導上の諸問題に関する調査．

内閣府（二〇〇八）．青少年白書．（http://www8.cao.go.jp/youth/whitepaper/h20gaiyoupdf/index_pdf.html 閲

覧日：二〇一七年五月一〇日）

内閣府（二〇〇九）．第８回世界青年意識調査．（http://www8.cao.go.jp/youth/kenkyu/worldyouth8/html/mokuji.html　閲覧日：二〇一七年五月一〇日）

内閣府（二〇一四）．子ども若者白書．（http://www8.cao.go.jp/youth/whitepaper/h26gaiyou/pdf_indexg.html　閲覧日：二〇一七年五月一〇日）

内閣府（二〇一五）．子ども若者白書．（http://www8.cao.go.jp/youth/whitepaper/h27honpen/pdf_index.html　閲覧日：二〇一七年五月一〇日）

内閣府（二〇一六）．子ども若者白書．（http://www8.cao.go.jp/youth/whitepaper/h28honpen/pdf_index.html　閲覧日：二〇一七年五月一〇日）

内閣府（二〇一七）．高齢社会白書．（http://www8.cao.go.jp/kourei/whitepaper/w-2017/zenbun/29pdf_index.html　閲覧日：二〇一七年五月一〇日）

佐藤寛・石川信一ら（二〇〇九）．子どもの抑うつを測定する自己評価尺度の比較．児童青年精神医学とその近接領域，第五〇巻，三〇七－三一七頁．

下坂幸三（一九九七）．家族療法の実際．中村伸一（編著）家族療法の視点．金剛出版．

総務省統計局（二〇一三）．労働力調査．（http://www.stat.go.jp/data/roudou/rireki/nen/ft/pdf/2013.pdf　閲覧日：二〇一七年五月一〇日）

総務省統計局（二〇一四）．労働力調査．（http://www.stat.go.jp/data/roudou/rireki/nen/ft/pdf/2014.pdf　閲覧日：二〇一七年五月一〇日）

第4章

井村恒郎（一九五二）．心理療法．世界社．

長尾博（二〇〇一）．現代臨床心理学講座．ナカニシヤ出版．

西園昌久（一九七五）．精神療法．加藤正明ら（編）精神医学事典．弘文堂．

Rogers, C. R. (1942). Counseling and psychotherapy. Houghton Mifflin.（佐治守夫（監訳）（一九六六）．ロージァズ全集2巻．岩崎学術出版社．）

第5章

前田重治（一九七六）．心理面接の技術．慶応通信．

長尾博（一九九一）．学校カウンセリング．ナカニシヤ出版．

長尾博（二〇〇五）．青年期の自我発達上の危機状態に関する研究．ナカニシヤ出版．

長尾博（二〇〇七）．自我強度尺度作成の試み．心理臨床学研究、第二五号、九六－一〇一頁．

第6章

第1節　青年期

安達智子（二〇〇一）．大学生の進路発達過程．教育心理学研究、第四九号、三二六－三三六頁．

安達智子（二〇〇三）．大学生の職業興味形成プロセス．教育心理学研究、第五一号、三〇八－三一八頁．

Arnett, J. J. (2000). Emerging adulthood. American Psychologist, **55**, 469-480.

Arnett, J. J. (2004). Emerging adulthood. Oxford University Press.

朝日新聞（二〇〇九）．中退よとまれ．

Erikson, E. H. (1950). Childhood and society. W. W. Norton.（仁科弥生（訳）（一九七七–一九八〇）．幼児期と社会Ⅰ・Ⅱ．みすず書房．）

Freud, S. (1911). Formulierungen über die zwei Prinzipien des psychischen Geschehens. Fischer Verlag.（井村恒郎（訳）（一九七〇）．フロイト著作集6．人文書院．）

藤原あやの（二〇一〇）．青年期後期から成人期初期における女性の心理的発達．カウンセリング研究、第四三巻、三三二–四二頁．

Gelatt, H. B. (1989). Positive uncertainty. *Journal of Counseling Psychology*, **36**, 252–256.

Ginsberg, E. et al. (1951). *Occupational choice*. Columbia University Press.

Hershenson, D. B. (1967). Sense of identity, occupational fit, and enculturation in adolescence. *Journal of Counseling Psychology*, **14**, 319–324.

Krunboltz, J. D. & Levin, A. S. (2004). *Luck is no accident*. Impact Publishers. 花田光世ら訳（二〇〇五）．その幸運は偶然ではないんです．ダイヤモンド社．

乾彰夫（二〇一六）．学校から仕事への移行期間延長と青年期研究の課題．発達心理学研究、第二七号、三三五–三四五頁．

石田秀文（二〇一三）．青年期におけるキャリア問題インベントリー作成の試み．放送大学大学院文化科学研究科臨床心理学プログラム修士論文．

厚生労働省（二〇〇二）．職業安定業務統計．(http://www.mhlw.go.jp/toukei/list/114-1b.html　閲覧日：二〇一七年五月一〇日)

厚生労働省（二〇〇二）．キャリア形成を支援する労働市場政策研究会報告書．（http://www.mhlw.go.jp/houdou/2002/07/h0731-3.html　閲覧日：二〇一七年五月一〇日）

Lent, R. W. el al. (1994). Toward a unifying social cognitive theory of career and academic interest, choice, and performance. *Journal of Vocational Behavior*, **45**, 79-122.

望月葉子（一九九一）．職業的発達過程の類型化の試み．教育心理学研究、第三九号、五七-六六頁．

文部科学省（二〇〇四）．生徒指導上の諸問題の現状について．（http://www.mext.go.jp/b_menu/shingi/chousa/shotou/003/toushin/001219.htm　閲覧日：二〇一七年五月一〇日）

長尾博（二〇〇一）．現代臨床心理学講座．ナカニシヤ出版．

長尾博（二〇〇五）．青年期の自我発達上の危機状態に関する研究．ナカニシヤ出版．

日本労働研究機構（二〇〇〇）．フリーターの意識と実態．日本労働研究機構．

西日本新聞（二〇〇八）．不況風高校生も襲う．

岡田努（二〇一六）．青年期の友人関係における現代性とは何か．発達心理学研究、第二七号、三四六-三五六頁．

白井利明・安達智子ら（二〇〇九）．フリーターの心理学．世界思潮社．

Super, D. E. (1980). A life-span, life-space approach to career development. *Journal of Vocational Behavior*, **16**, 282-298.

総務省統計局（二〇一三）．労働力調査．（http://www.stat.go.jp/data/roudou/report/2013/index.htm　閲覧日：二〇一七年五月一〇日）

寺田盛紀（二〇一四）．キャリア教育論．学文社．

和田実（一九九三）．同性友人関係．社会心理学研究、第八号、六七-七五頁．

第2節　成人・中年期

Alderfer, C.P. (1972). *Existence, relatedness,* and growth. Free Press.

Crouter, A.C. (1984). Spillover from family to work. *Human Relations,* **37**, 425-441.

Erikson, E.H. (1950). *Childhood and society.* W.W.Norton. （仁科弥生（訳）（一九七七－一九八〇）．幼児期と社会Ⅰ・Ⅱ．みすず書房．）

Feldman, D.C. (1988). *Managing careers in organizations.* Scott, Foresman & Company.

Freudenberger, H.J. & Richelson, G. (1980). *Burn-out.* Bantam Books. （川勝久（訳）（一九八二）．燃えつき症候群．三笠書房．）

Goode, W.J. (1960). A theory of role strain. *American Sociological Review,* **25**, 483-496.

Herzberg, F. (1966). Work and the nature of man. World. （北野利信（訳）（一九六八）．仕事と人間性．東洋経済新報社．）

Holland, J.L. (1978). *The occupations finder.* Consulting Psychologists Press.

Jaques, E. (1965). Death and the mid-life crisis. *International Journal of Psychoanalysis,* **46**, 502-514.

Jung, C.G. (1921). *Psychological types. The collected Works of C. G. Jung, Vol. 6.* Princeton University Press.

Jung, C.G. (1964). *Zwei Schriften über analytische Psychologie.* Rascher Verlag.

金井篤子（一九九四）．働く女性のキャリア・ストレス・モデル．心理学研究、六五、一一二－一二〇頁．

金井壽宏（二〇〇二）．働くひとのためのキャリア・デザイン．ＰＨＰ新書．

川上憲人・原谷隆史（一九九九）．職場のストレス対策．産業医学ジャーナル、第二二巻第五号、五一－五五頁．

関総研（二〇〇八）．企業経営情報レポート．（http://www.sekisoken.co.jp/report_01.html　閲覧日：二〇一七年

五月一〇日）

木村周（二〇一〇）．キャリア・コンサルティング理論と実際．雇用問題研究会．

葛文綺ら（二〇一四）．ハラスメント相談の専門性に関する一考察．心理臨床学研究、第三二号、三五九‐三六八．

小坂千秋・柏木恵子（二〇〇七）．育児期女性の就労継続・退職を規定する要因．発達心理学研究、第一八号、四五‐五四．

厚生労働省（二〇〇七ａ）．平成18年転職者実態調査結果の概況．（http://www.mhlw.go.jp/houdou/2007/08/h0808-2.html　閲覧日：二〇一七年五月一〇日）

厚生労働省（二〇〇七ｂ）．平成18年労働者健康状況調査報告書．（http://www.mhlw.go.jp/toukei/list/49-19b.html　閲覧日：二〇一七年五月一〇日）

厚生労働省（二〇〇九）．平成21年度こころの健康科学研究事業．（http://www.mhlw.go.jp/bunya/kenkyuujigyou/hojokin-koubo14/23.html　閲覧日：二〇一七年五月一〇日）

厚生労働省（二〇一二）．職場のいじめ・嫌がらせ問題に関する円卓会議ワーキング・グループ報告書参考資料集．

厚生労働省（二〇一三）．平成24年労働者健康状況調査報告書．（http://www.mhlw.go.jp/toukei/list/dl/h24-46-50_03.pdf　閲覧日：二〇一七年五月一〇日）

厚生労働省（二〇一四ａ）．新規学校卒業就職者の在職期間別離職状況．（http://www.mhlw.go.jp/topics/2010/01/tp0127-2/dl/24-01.pdf　閲覧日：二〇一七年五月一〇日）

厚生労働省（二〇一四ｂ）．職場におけるメンタルヘルス対策の推進について．（http://www.mhlw.go.jp/file/05-Shingikai-10901000-Kenkoukyoku-Soumuka/0000060315.pdf　閲覧日：二〇一七年五月一〇日）

Lazarus, R. S. (1983). Stress and coping in aging. 日本心理学会第47回大会特別講演．

Lazarus, R. S. & Folkman, S. (1984). *Stress, appraisal, and coping.* Springer.（本明寛ら（訳）（一九九一）．ストレスの心理学：実務教育出版．）

Levinson, D. J. (1978). *The seasons of a man's life.* Alfred A. Knopf.（南博（訳）（一九八〇）．ライフサイクルの心理学：講談社．）

McGregor, D. M. (1960). *The human side of enterprise.* McGraw-Hill.（高橋達男（訳）（一九六六）．企業の人間的側面：産業能率短期大学．）

文部科学省（二〇一二）．公立学校教師の休職についての調査報告．

長尾博（二〇一六）．女ごころの発達臨床心理学：福村出版．

中西信夫（一九九五）．ライフ・キャリアの心理学：ナカニシヤ出版．

尾野裕美・湯川進太郎（二〇一〇）．ホワイトカラーのキャリア焦燥感と離転職意思：カウンセリング研究、第四三号、六一―七一頁．

連合（二〇〇五）．青年意識調査．

Schlossberg, N. K. (1984). *Counseling adults in transition.* Springer.

世界経済フォーラム（二〇一七）．世界のジェンダーギャップ指数の順位．

Sheehy, G. (1974). *Passages.* Bantam Books.（深沢道子（訳）（一九七八）．パッセージ：プレジデント社．）

Sieber, S. D. (1974). *Toward a theory of role accumulation.* American Sociological Review, **39**, 567-578.

大西勝二（二〇〇二）．職場での対人葛藤発生時における解決目標と方略：産業・組織心理学研究、第一六号、二三―三三頁．

高田未里・小杉正太郎（二〇〇六）．企業従業員におけるコーピング方略の組み合わせと心理的ストレス反応との関連．カウンセリング研究，第三九号，一七三－一八〇頁．
田中宏二・小川一夫（一九八五）．職業選択に及ぼす親の職業的影響．教育心理学研究，第三三号，一七一－一七六頁．

第3節　老年期

Aldous, J. & Ganey, R. F. (1999). Family life and the pursuit of happiness. *Journal of Family Issues*, **20**, 155–180.

Argyle, M. & Martin, M. (1991). The psychological causes of happiness. F. Strack, M. Argyle, & N. Schwartz. (Eds.). *Subjective well-being*. Pergamon Press.

Back, K. W. & Avert, C. P. (1985). Stability and change in the life graph types. E. Palmore, et al. (Eds.). *Normal aging III*. Durham Duke University Press.

Bryant, F. B. & Veroff, J. (1981). *Dimensions of psychological well-being in American men and women*. University of Michigan.

Chappell, N. L. & Badger, M. (1989). Social isolation and well-being. *Journal of Gerontology*, **44**, 169–176.

Costa, P. T. & McCrae, R. R. (1980). Influence of extraversion and neuroticism on subjective well-being. *Journal of Personality and Social Psychology*, **38**, 668–678.

Erikson, E. H. (1950). *Childhood and society*. W. W. Norton.（仁科弥生（訳）（一九七七－一九八〇）．幼児期と社会Ⅰ・Ⅱ．みすず書房．）

Erikson, E. H. (1982). *The life cycle completed*. W. W. Norton.（村瀬孝雄・近藤邦夫（訳）（一九八九）．ライフサイクル，その完結．みすず書房．）

Field, D. (1997). Look back, what period of your life brought you the most satisfaction. *International Journal of Aging and Human Development*, **45**, 169-194.

Franz, M. et al. (2000). The importance of social comparisons for high levels of subjective quality of life in chronic schizophrenic patients. *Quality of Life Research*, **9**, 481-489.

Havighurst, R. J. et al. (1968). *Middle age and aging*. B. L. Neugarten. (Ed.). University of Chicago Press.

Jung, C. G. (1952). *Gesammelte Werke von C. G. Jung*. Rascher Verlag.

厚生労働省（二〇〇六）．平成18年版厚生労働白書（http://www.mhlw.go.jp/wp/hakusyo/kousei/06/　閲覧日：二〇一七年五月一〇日）

Lennings, C. J. (2000). Optimism, satisfaction and time perspective in the elderly. *International Journal of Aging and Human Development*, **51**, 167-181.

Litwin, H. & Shiovitz-Ezra, S. (2006). Network type and mortality risk in later life. *The Gerontologist*, **46**, 735-743.

Medley, M. L. (1980). Life satisfaction across four stages of adult life. *International Journal of Aging and Human Development*, **11**, 193-209.

長尾博（二〇〇七）．老年期の人生満足度に及ぼす自我強度と定位家族の影響．活水論文集、第五〇号、一－一二頁．

長尾博（二〇〇八）．高齢者の生活の質（QOL）．小林芳郎（編）．高齢者のための心理学．保育出版社．

Peck, R. C. (1968). Psychological developments in the second half of life. B. L. Neugarten. (Ed.). *Middle age and aging*. University of Chicago Press.

Pinquart, M. & Sörensen, S. (2000). Influences of socioeconomic status, social network, and competence on

subjective well-being in later life. *Psychology and Aging*, **15**, 187-224.
Reichard, S. et al. (1962). *Aging and personality*. John Wiley.
Ryff, C. D. (1991). Possible selves in adulthood and old age. *Psychology and Aging*, **6**, 286-295.

第8章

安達智子（二〇〇一）．大学生の進路発達過程．教育心理学研究，第四九号，三二六-三三六頁．

Alderfer, C. P. (1972). *Existence, relatedness, and growth*. Free Press.

Bovard, K. M. et al. (1999). *Counselor to coach*. Paper presented at ACA World Conference.

笠原嘉（一九八一）．スチューデント・アパシー第三報．石井完一郎ら（編）．現代のエスプリ第一六八号．スチューデント・アパシー．至文堂．

衣笠隆幸（二〇〇〇）．自己愛とひきこもり．精神療法，第二六号，三八六-三九四頁．

Krumboltz, J. D. & Levin, A. S. (2004). *Luck is no accident*. Impact Publishers.（花田光世ら（訳）（二〇〇五）．その幸運は偶然ではないんです．ダイヤモンド社．）

蔵本信比古（二〇〇八）．社会的ひきこもりに関する心理的特性の検討．心理臨床学研究，第二六号，三一四-三二四頁．

松本剛（二〇〇三）．大学生のひきこもりに関連する心理的特性に関する研究．カウンセリング研究，第三六号，三八-四六頁．

室田洋子（一九九七）．登校拒否の長期追跡調査．心理臨床学研究，第一四号，四九七-五〇二頁．

永山智之ら（二〇一三）．わが国における発達障害への心理療法的アプローチ．心理臨床学研究，第三〇号，七九六-八〇八頁．

大高一則ら（一九八六）．登校拒否の追跡調査について．児童青年精神医学とその近接領域、第二七号、二一三-二二九頁．

Savickas, M. L. (1997). Career adaptability. *The Career Development Quarterly*, **45**, 247–259.

Schein, E. H. (1978). Career dynamics.（二村敏子・三善勝代（訳）（一九九一）．キャリア・ダイナミクス．白桃書房．）

瀬川晃（二〇〇一）．少年犯罪の第４の波と改正少年法．犯罪と非行、第一二七号、五-三二頁．

Sheehy, G. (1974). Passages. Bantam Books.（深沢道子（訳）（一九七八）．パッセージ．プレジデント社．）

Sullivan, H. S. (1962). Schizophrenia as a human process. W. W. Norton.

樽味伸（二〇〇五）．現代社会が生むディスチミア親和型．臨床精神医学、第三四号、六八七-六九四頁．

牛島定信（二〇〇〇）．最近のひきこもりをどう考えるか．精神療法、第二六号、五四三-五四八頁．

山本真利子（二〇〇一）．長期閉じこもり青年への発達心理療法に基づくカウンセリング過程モデルの実践的適用．カウンセリング研究、第三四号、一八〇-一九一頁．

〔推薦図書〕

渡辺三枝子（編）（二〇〇七）．新版キャリアの心理学．ナカニシヤ出版．

木村周（二〇一六）．キャリア・コンサルティング理論と実際４訂版．雇用問題研究会．

金井壽宏（二〇〇二）．働くひとのためのキャリア・デザイン．ＰＨＰ新書．

宮城まり子（二〇〇二）．キャリアカウンセリング．駿河台出版社．

文　献

寺田盛紀（二〇一四）．キャリア教育論．学文社．

石橋里美（二〇一六）．キャリア開発の産業・組織心理学ワークブック第二版．ナカニシヤ出版．

おわりに

従来の心理臨床分野では進路指導や産業カウンセリングという語を聞くと、とかくマイナーなものとしてとらえがちであったが、「キャリア」心理臨床という語は、「人生」、あるいはヒトの「生き方」という大きな課題や重要な課題を取り扱うという意味としてとらえられる。それだけ厚生労働省や文部科学省は、「キャリア」という語を用いて、ヒトが生涯をかけてどのような仕事を選んで、どのように働いていくのかという過程を重視しはじめたのであろう。

本書で取りあげたケースから、今後の青年は、O男のような「職人」としてキャリアを形成していく者は少なくなるであろう。しかし、D男のように社会変動に合わせて変幻自在にキャリアを変えていくタイプは増えていくのではなかろうか。また、C男のように「積極的不確実性」に挑み、直感的なストラテジーからキャリアを形成していく者も生じていくであろう。また、現在において中年期のF子のような仕事と家事との葛藤をもつ者は多いのではなかろうか。これは、わが国の家族がもつ大きなテーマである。一方、高齢者の中でH男のように継続して職を望む者も増えていくであろう。また、J男のように人生の総仕上げとして健康であれば最後まで職を全うしたいという者も増えてくるであろう。

本書の各ケースの面接過程を読まれてキャリア形成に対応する者は、クライエントの心を共感、受容するのみではなく、変動していく現実の社会状況をよく知ってさまざまな心理療法的技法を用いてキャリア形成を支援していかなければならないことが理解されたと思われる。

キャリア形成は、当然、世界の、わが国の経済状況に大きく左右され、今後のわが国の青年のキャリア形成は、国際的にグローバルな内容となって展開していくであろう。その過程で青年は、高齢者がもつ多くの人生の知恵を取り入れて創造的な、多種多様なキャリア形成を果たしていくであろう。

二〇一七年一〇月

編著者　長尾　博

人名索引

あ 行

か 行

さ 行

た 行

な 行

は　行

ま　行

や・ら・わ　行

事項索引

あ 行

か 行

さ　行

た　行

な　行

は　行

ま　行

や・ら　行

（付録１）キャリア問題インベントリー（CPI）

この質問紙は青年期の就職活動に関する心理的問題を明らかにするためのものです。

以下の各質問に対する回答のうち、自分の考えに一番近いものに○をつけてください。

１．全く当てはまらない　２．当てはまらない　３．わからない
４．当てはまる　５．非常に当てはまる

質問項目	回答欄				
1．私がつきたい理想の仕事は明確だ	1	2	3	4	5
2．自分の能力についてよくわかっている	1	2	3	4	5
3．私は思い込みが強いほうである	1	2	3	4	5
4．私は動作がキビキビしている	1	2	3	4	5
5．自分の将来の姿が想像できない	1	2	3	4	5
6．自分の性格について正しく理解している	1	2	3	4	5
7．自分にとって都合の悪いことは認めたくない	1	2	3	4	5
8．人間関係は広いほうだ	1	2	3	4	5
9．自分の将来の目標にしたい人がいる	1	2	3	4	5
10．自分のいいところはひとつも思いつかない	1	2	3	4	5
11．人の話やインターネットの情報を信じ込みやすい	1	2	3	4	5
12．失敗を恐れずに行動できる	1	2	3	4	5
13．私はどんな社会人になりたいか、はっきりしている	1	2	3	4	5
14．自分にどれくらいの実力があるのかわからない	1	2	3	4	5
15．結論を急がず、長い目で見ることができる	1	2	3	4	5
16．生活は、いつもイキイキしている	1	2	3	4	5
17．将来希望する仕事がある	1	2	3	4	5
18．自分に対する周囲の評価と自分の評価は一致している	1	2	3	4	5
19．私はいつも夢を見ている	1	2	3	4	5
20．自分の実力を試してみるのがこわい	1	2	3	4	5
21．理想の自分が多くあって混乱している	1	2	3	4	5
22．自分のいいところもダメなところもよく知っている	1	2	3	4	5
23．何がほんとうのことなのか、わからなくなることが多い	1	2	3	4	5
24．一度決めたことはためらわずに行動に移せる	1	2	3	4	5
25．絶対にあきらめたくない夢がある	1	2	3	4	5
26．自分の問題は何もないと思う	1	2	3	4	5
27．ひとつの出来事をいろいろな見方でとらえることができる	1	2	3	4	5
28．やらなければならないことを後回しにすることはない	1	2	3	4	5
29．自分の人生に期待はしていない	1	2	3	4	5
30．自分の生活水準をわきまえて毎日を過ごしている	1	2	3	4	5
31．私はいつも新しい状況にすばやく応じることができる	1	2	3	4	5
32．決断しなければならない場面で、迷ってしまうことが多い	1	2	3	4	5

〈集計方法〉

各因子を構成する質問項目は集計表の通りです。

① 各項目の得点を集計表にご記入ください。ただし、(　) 付きの番号は逆転項目ですので、6から得点を差し引いた「修正値」を算出してご記入ください。たとえば得点が1の場合は「6−1＝5点」、2の場合は「6−2＝4点」が修正値となります。

② 因子ごとに各項目番号の得点を合計してください。

③ 合計点を因子ごとの項目数で割ると、平均点が算出できます。

④ また、次ページに大学生219名のデータから得られた各因子の合計得点のパーセンタイルを掲載しておりますので、レーダーチャートとして表示する際にご利用ください。

〈集計表〉

因子	項目 ※(　) 内は逆転項目							合計	平均	%タイル
現実自己の理解	項目	2	6	22						
	得点									
理想自己の確定	項目	1	(5)	17	25					
	得点									
現実認知の把握	項目	(11)	(20)	(21)	(23)					
	得点									
肯定的感情	項目	9	(10)	16	(29)					
	得点									
活動性	項目	8	12	18	24	31	(32)			

レーダーチャート

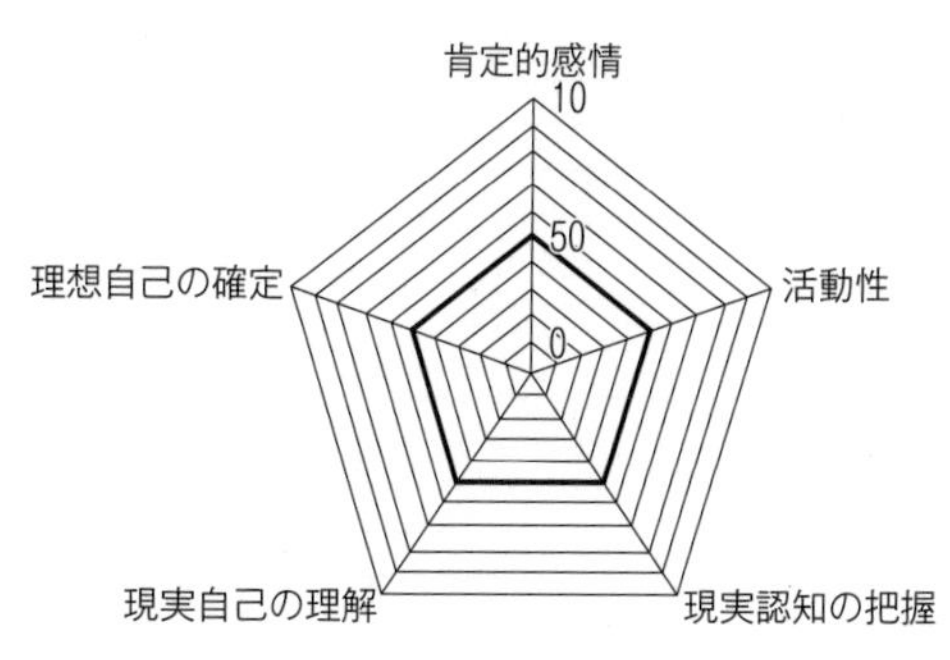

パーセンタイル値を各因子ごとにプロットし、それを実線で結んでください。
五角形がバランスよくできていることと実線にパーセンタイル値が近いことが問題がないとみます。

〈各因子の合計得点のパーセンタイル〉

現実自己の理解		理想自己の確定		現実認知の把握		肯定的感情		活動性	
得点	パーセンタイル	得点	パーセンタイル	得点	パーセンタイル	得点	パーセンタイル	得点	パーセンタイル
5	1.8	4	1.8	4	0.4	5	0.4	8	0.4
6	7.0	5	4.0	5	1.8	6	0.9	9	0.9
7	13.7	6	6.6	6	3.5	7	3.1	10	1.3
8	22.9	7	10.1	7	6.2	8	5.3	11	5.3
9	37.0	8	17.2	8	11.0	9	11.0	12	8.8
10	52.9	9	26.9	9	17.6	10	18.1	13	16.7
11	73.1	10	39.2	10	31.7	11	28.2	14	28.6
12	91.2	11	49.3	11	47.6	12	41.9	15	37.9
13	96.9	12	60.8	12	59.9	13	52.0	16	46.7
14	98.7	13	65.6	13	67.0	14	66.1	17	56.4
15	100.0	14	73.1	14	78.9	15	79.3	18	65.2
		15	82.8	15	86.8	16	90.3	19	73.1
		16	88.1	16	92.5	17	92.5	20	82.4
		17	89.9	17	94.7	18	95.6	21	85.9
		18	94.3	18	97.4	19	97.8	22	93.0
		19	97.8	19	98.2	20	100.0	23	95.6
		20	100.0	20	100.0			24	96.9
								25	97.4
								26	97.8
								28	98.2
								29	99.1
								30	100.0

（付録２）応募書類の書き方

1　応募書類の種類

（１）応募書類の役割

応募書類は、事前に送付を求められる場合と面接時に持参を求められる場合があり、以下のような役割があります。

①　事前送付の場合、書類選考を通過して面接の機会を得ることが応募書類の最も重要な役割です。

②　面接は応募書類をもとに質問されることが多くありますので、面接官の質問を方向づける役割があります。

（２）応募書類の種類

応募書類として以下の３種類を準備するのが標準的です。

添え状	事前送付の際には、ビジネスマナーの１つとして挨拶状である添え状を同封すると丁寧な印象が伝わります。書類持参の場合は、不要です。
履歴書	最も一般的な応募書類です。一定の様式のなかに、氏名、住所、学歴、職歴、資格などの基本情報を中心に記入します。経歴に関しては「いつ（期間）、どこで（学校・勤務先等）」の情報が中心で、詳しい内容までは伝えきれません。最近はパソコンでの作成も増えつつあるようです。また、大学などで学校独自の様式がある場合は、基本的にはそれを使用します。
職務経歴書 自己紹介書	履歴書を補足して、仕事やさまざまな活動の経験をより詳細にアピールするための書類です。形式はいくつかありますが、まとめ方は比較的自由です。「いつ・どこで」の情報に「何を（仕事内容、活動内容）・どのように（取り組み方）」に関する情報を加えることで、経験を詳しく伝えることができます。仕事の経験がある場合は職務経歴書、学生や仕事の経験が乏しい場合は自己紹介書としてまとめるのが一般的です。エントリーシートと重なる項目もあり、事前に作成しておくと応用できる内容も少なくありません。

2　履歴書の書き方

履歴書の具体的な記入方法についてはマニュアルによって異なる点がありますが、ここでは標準的な記入上の留意点をあげておきます。

〈学歴・職歴欄記入の際の留意点〉

① 学歴は、学生の場合は学校指定の様式があればそれに従って（たとえば高校卒業から）記入しますが、市販の様式では中学校卒業からの記入が望ましいでしょう。

② 学校名は入学と卒業のいずれも、また、勤務先は勤務開始と終了のいずれについても省略せず正式名称を書きましょう。中学校や高校は、公立であれば設立主体（～都道府県立、～市町村立）も書き、高校は「高等学校」と表記します。しかし、大学は「国立」などとは表記しないのが一般的です。会社名は、(株)、(有) のように略さずに株式会社、有限会社などまで正式に書きましょう。

③ 職歴の勤務先は会社であれば「入社」「退社」、病院や学校であれば「勤務」「退職」と、勤務先に応じて適切な表現を用います。

④ 経歴は、空白期間が長いとマイナスの印象を与えます。学生時代を除いて長期のアルバイト経験や職業訓練などの受講経験がある場合は、それらも書きましょう。職業訓練は学歴、職歴とは別に「訓練歴」と別項目で記載するとすっきりします。

⑤ 短い職歴が多いと落ち着きのない印象を与えます。短期勤務が多い場合は「～など、短期勤務の経験あり」と、まとめて書くと転々とした印象を避けられます。

〈その他の留意点〉

① 日付は提出日、送付する場合は送付する日付を記入します。

② 写真はスーツ着用が無難です。スナップ写真は避け、証明写真を用います。

③ できるだけ空欄を避けます。希望欄は特に希望がない場合「勤務条件に関しては貴社の規定に従います」などと記入しましょう。

④ 修正液や二重線での修正は不可です。失敗したら全体を書き直しましょう。

⑤ 履歴書など応募書類は必ずコピーをとっておき、面接に備えましょう。

3　職務経歴書・自己紹介書の書き方

(1) 職務経歴書の種類

編年体式	職歴を過去から現在の順に明記し、職歴ごとの仕事内容や取り組み姿勢をアピールする方式です。職務経験が比較的少ない人に適しています。
逆編年体式	編年体式とは逆に現在から過去の順で職歴ごとにアピールする方式です。より新しい職務経験をアピールしたい場合に適しています。
キャリア式	仕事内容や取り組み姿勢を職歴ごとではなく、まとめてアピールする方式です。異なる職場で同様の業務を経験した人に適しています。

(2) 主な記載項目

①　基本情報

住所、氏名、電話番号やメールアドレスなどの情報は、職務経歴書や自己紹介書にも記載します。どの書類を見ても連絡を取りやすくしておくことが重要です。

②　略　歴

冒頭に「略歴」としてこれまでの経歴や今後の目標などを述べると、自分自身の大まかなイメージを応募先に伝える効果が期待できます。

〈略歴の構成例〉

1）これまでの仕事の経験や力を入れてきた活動の概要を述べる。
2）経験や活動で大切にしてきたことや身につけた能力などを述べる。
3）就職に関する目標や基本的な考え方を述べ、応募先との関連性を印象づける。

③　職務経験

職務経歴書で最も中心となるのが経験した仕事内容についての説明です。正社員経験が優先されますが、正社員以外の経験を取り上げるのも可能です。

〈職務経歴の具体的なポイント例〉

1）勤務時期・勤務先・雇用形態・役職
　複数の職歴があれば、勤務先ごとに整理して書く。
2）勤務先の情報
　事業内容や規模など、勤務先がイメージできる情報をわかる範囲で書く。
3）担当業務（何を担当してきたか）
　何ができるのかが伝わるように経験した業務を多少詳しくリストアップする。
4）仕事に対する取り組み姿勢（どのように取り組んできたか）
　自分の仕事ぶりが伝わるよう仕事で大切にしてきたことを述べる。

④　仕事以外の活動内容

自己紹介書ではできるだけ最近の経験のなかから、アルバイトやサークル活動など、力を入れた活動を取り上げ、そこから仕事につながる強みをアピールします。学生であれば、学業に関する情報も欠かせません。

〈力を入れた活動と取り上げるポイントの例〉

1）アルバイト：期間、アルバイト先、担当業務、学んだこと・身につけたこと
2）サークル活動：活動の目的・目標、具体的活動内容、運営面での貢献
3）ボランティア活動：参加動機、活動の目的・目標、誰にどのように貢献したか
4）学業：専攻内容、興味を持った授業、卒業論文のテーマ
5）実習・実験：体験的に学んだこと・身につけたこと、取り組み姿勢

⑤　自己PR

強調したい長所や強みは、「自己PR」として取り上げましょう。その場合、説得力のある自己PRにするためには、その裏づけとなる具体的体験を交えると効果的です。また、「長所・短所」としてまとめると自分の両面を伝えることができます。

自分の強みや長所・短所を知るためには以下のような方法があります。

1）自覚している強みや長所・短所を書き出してみる
2）強みや長所・短所を表す言葉のリストから当てはまるものを選ぶ
3）心理テストや適性検査の結果を参考にする
4）周囲の人に聞いてみる
5）いろいろな経験を振り返って、そこから強みや長所・短所を考える

〈さまざまな体験のとらえ方〉

具体的体験を取り上げるといっても、何がふさわしいのか迷うかも知れません。以下のような視点を参考にさまざまな体験をとらえ直してみてはいかがでしょうか。

成功体験	成功した事実	思い通り、計画通りに目標が達成できたこと
	自分自の感じ方	達成感・充実感・満足感を実感できた体験
	周囲の評価	周りからほめられたことや感謝されたこと
	継続している事実	粘り強く続けている取り組み
失敗体験	失敗からの学び	失敗を通じて成功のためのコツが理解できた体験
	課題への気づき	今後の成長のために何が必要か気づいたこと
	チャレンジ精神	結果を恐れずにチャレンジした体験
	再挑戦への意欲	失敗したことでかえってやる気に火がついた体験
	人の気持ちの理解	同じ想いをした人に寄り添えるようになったこと
	周囲への感謝	支えてくれる人がいることに気づいた体験

（3）自己PRやさまざまな経験をまとめるための文章の形式と例文

1）SDS法

構成：①Summary（要約）～　②Details（詳細）～
③Summary（まとめ）

シンプルな構成ですが、「最初に結論を述べる」ことで、これから何を伝えようとしているのかが相手に伝わるので、読む側に心構えができます。

①　私の得意科目は英語です。
②　英会話を習得することで多くの国の人と交流し、行動力に自信がつきました。
③　これからも英語力を糸口に、自分の可能性を広げていきたいと思います。

2）PREP法

構成：①Point（要点）～②Reason（理由）～
③Example（具体例）～④Point（まとめ）

SDS法の「詳細（Details)」の部分を、「理由（Reason)」と「具体例（Example)」に分ける形式です。中心部分に何を書くかが明確で作成しやすい方法です。

①　私の趣味は旅行です。
②　なぜなら、見知らぬ場所を訪れることで新たな発見ができるからです。
③　例えば、初めての一人旅ではガイドブックにはない生活を体験しました。
④　これからも新たな自分探しを目的に多くの場所を訪ねたいと思います。

3）STAR法

構成：①Situation（状況説明）～②Task（課題）～
③Action（対策）～④Result（結果）

内容にストーリー性をもたせたい場合に適しています。「課題（Task)」をもちだすことで、「対策（Action)」や、「結果（Result)」の価値を高める効果があります。

①　私はアパレルショップのアルバイトに力を入れました。
②　しかし最初の頃は商品の説明がうまくできず、自信をなくしてしまいました。
③　そこでお客様の声に耳を傾け、ファッション誌に目を通すよう心がけました。
④　その結果、接客のコツを身につけ、自信をもって売場に立てるようになりました。

4　志望動機作成のコツ

志望動機は、「なぜこの求人に応募したのですか」という質問に対する回答ですが、それだけでは漠然としていて答えにくいと感じるかもしれません。そこで、以下のように部分に分けて、より焦点を絞った質問を想定すると、作成しやすくなります。

①「この求人のどこに関心をもちましたか」

興味をもった情報のうち、応募先の企業の特徴を優先的に取り上げますが、それが不明確な場合は業界や仕事内容の特徴についてコメントします。

企業（職場）	経営理念、同業他社との違い、業界での位置づけ、製品や店舗の印象
業　界	社会的役割、発展の可能性、自分の生活との関連性
仕事内容	社会的な役割や目的、やりがい、自己成長の可能性

②「この仕事で活かせそうなあなたの強みは何ですか」

応募する仕事で活用できそうな経験や能力など、自分の強みをアピールします。

経　験	応募求人と同じ職種の経験、異なる職種の経験、仕事以外の経験
能力・知識	関連の資格、資格で表せない能力・知識
長所・性格	応募職種にふさわしい性格、仕事に活かせそうな長所

③「あなたはこの会社（職場）にどのように貢献できそうですか」

自分の強みを活かすことで、いかに応募先にとって役に立つ人材となり得るかを述べ、自分と応募先との結びつきの強さを強調します。

取り組み姿勢	新たな仕事で心がけたいこと、重視したいこと、
目　標	理想とする将来像、キャリアヴィジョン、努力目標

〈例　文〉

①　貴社のスーパーは、独自の品ぞろえで多くの人々の生活を支えておられます。

②　私は学生時代、自転車で各地を訪れ、多くの出会いを経験しました。

③　その経験で培った初対面の人ともすぐに打ち解けられる親しみやすさを活かし、地域に根ざした店舗運営に貢献したいと思い志望いたしました。

（付録3）面接対策

1　面接におけるノンバーバル・コミュニケーションの活用

面接では言葉で伝えるバーバル・コミュニケーションだけでなく、表情や視線など言葉以外の「ノンバーバル・コミュニケーション」にも注意を向ける必要があります。その活用法には以下の2つがあります。

① 面接官の表情に気を配ることで、その気持ちが理解できます。自分の答に笑顔での反応があれば、納得を得られたことが推測できますが、首をかしげたり厳しい表情であれば、内容が不十分だったり質問とずれていた可能性があります。

② 自分の表情や視線などに気を配ることで、印象を調整できます。笑顔で接すると接しやすい印象を与え、相手の目を見て話す方が自信があるように感じられます。また、早口よりもゆっくりと話す方が、落ち着いた感じがするでしょう。

〈ノンバーバル・コミュニケーションの種類と好印象を与えるためのポイント〉

種　類	留意点
身だしなみ	服装や髪形は清潔感があること、華美にならないことを心がけましょう。 外見だけでなく化粧品、口臭、タバコなど、「におい」にも注意が必要です。
表　情	基本的には話の内容にふさわしい表情を心がけましょう。 話題に応じて笑顔を印象づけることは特に大切です。
視　線	自分が話をする時はしっかりと相手の目を見て話しましょう。 話を聞く時には顔を相手に向けておき、大事な場面で目を合わせます。
姿　勢	イスは背もたれにはもたれかからず、背筋を伸ばして深く座りましょう。 両脚は開きすぎないよう注意し、足を揃えましょう。
身ぶり	話を聞く時にはうなずくことも忘れないようにしましょう。 身ぶり手ぶりはオーバーアクションにならないよう注意しましょう。 入退室の動作には「失礼します」等、言葉を添えるとメリハリがつきます。

2　話し方のポイント

話し方については、以下の点に注意しましょう。

① 緊張した場面では早口になりがちなので、幾分ゆっくりと話しましょう。
② 一つひとつの文章では、特に語尾をはっきりと話すように注意しましょう。
③ 一つの文章は長くなり過ぎないよう注意し、短く簡潔な文章に分けましょう。
④ 結論から話すと、聴き手に話を聞く心構えができて伝わりやすくなります。
⑤ 質問が理解できない場合や聞き取りにくい場合には、素直に聞き直しましょう。
⑥ 自分のことを説明する場合には、具体例を添えると説得力が高まります。

3　面接での質問例と留意点

① 自己紹介：自己PRや志望動機ではなく経歴を中心に話すのが無難です。
② 志望動機：応募書類の志望動機をもとに簡潔に自信をもって述べましょう。
③ 前職での取り組み姿勢：仕事ぶりがイメージできるよう具体的に説明しましょう。
④ 退職理由：前職を否定するようなニュアンスにならないよう注意が必要です。
⑤ 次の仕事で活かせる強み：次の仕事をどれだけ理解しているかが問われます。
⑥ 学業：卒論のテーマや興味を持った授業など、わかりやすい説明が必要です。
⑦ 力を入れた活動：応募する仕事との共通点がある活動が望ましいでしょう。
⑧ 困難を克服した体験：困難をポジティブにとらえ直したことをアピールしましょう。
⑨ 自己PR：具体例をあげて説明することで説得力が増します。
⑩ 短所：短所を述べたうえで、それをどう克服しようとしているのかも大切です。
⑪ 将来像：自分のキャリアヴィジョンがどの程度描けているかがポイントです。
⑫ 最近気になった出来事：立場や意見が分かれる話題は避ける方が無難です。

⑬　応募先への質問：「特にありません」と答えるのではなく、何か質問しましょう。

※一つの話題を掘り下げて質問される場合もあります。その答も準備しましょう。
※回答内容を検討するだけでなく、一度声に出しておくことも大切です。

4　グループディスカッションにおける留意点

グループディスカッションでは、個人面接と比べ、より日常に近い自然な状態や他者とのコミュニケーションの様子が表れやすいという特徴があります。普段と異なる自分を演じる必要はありませんが、積極的に参加することが大切です。

①　メンバー間では名前を呼び合いましょう。心理的な距離が近づきます。

②　フォーマルな役割だけでなく、日ごろの自分に近いインフォーマルな役割を意識して臨むと参加しやすくなります。

・フォーマルな役割：司会進行、書記、時間管理、発表者など
・インフォーマルな役割：アイデアマン、リードオフマン、ムードメーカー、調整役など

③　話し方や聴き方を工夫して各メンバーが話しやすい雰囲気を整えましょう。

・発言する際には、メンバー一人ひとりと目を合わせて語りかける。
・発言者には視線を向け、うなずくといった「聴いている姿勢」を示す。

④　時間制限がありますので、自分の意見は簡潔に述べるよう心がけましょう。

⑤　発言の少ないメンバーには意見を求めるなど、配慮も必要です。

⑥　テーマに関する発言だけでなく、進行状況に関する意見も重要です。

・軌道修正の必要な状況の例
　議論の停滞、堂々巡り、脱線、意見の対立、特定の話題への固執

⑦　お互いの意見を認め合い、肯定し合うだけでは議論は深まりません。課題や修正点の指摘も重要です。

⑧　反対意見を述べる場合は、よりよい解決を目指すための「対案」を示しましょう。

⑨　テーマによっては、時間内に到達する大まかなゴールや議論するポイントを決めてから議論すると時間が有効活用できます。

（付録４）職務経歴書サンプル

職　務　経　歴　書

〒000－0000

○○県○○市○○町0－0

○○　○○

電話：000－123－4567

携帯：000－1234－5678

【略歴】

私は大学では社会福祉を専攻しましたが、接客業にやりがいを感じ、当時のアルバイト先だったイタリアンレストランに就職しました。接客をはじめ店舗のディスプレイやキャンペーン企画などに工夫を重ねるにつれ店舗経営に興味が広がり、簿記の資格を取得しました。それから次第に経理の仕事の奥深さを感じるようになり、今は経理の仕事を目指して転職活動に取り組んでおります。

【職務経歴】

2011年4月～　イタリアンレストラン「ミラノ」にて勤務

・店舗概要：資本金1000万円、従業員数50名、店舗数5店舗

・担当業務：ホールでの接客、新メニューの提案、ディスプレイ、フェアの企画

【仕事への取り組み姿勢】

・チームプレイ：私は、問題を一人で抱え込むのではなく、積極的に周囲の考えに耳を傾けてきました。意見集約が難しいときもありましたが、効率的な予約の取り方やサプライズサービスを実現できました。

・粘り強い取り組み：調理スタッフには気難しい人も多く、コミュニケーションがうまくいかないこともありました。しかし、粘り強く対応したことで彼らの反応も変化し、お店の一体感が強まりました。

・積極性：始めた当初は接客が中心でしたが、お客様に少しでもご満足頂くためにサービスやディスプレイ、フェアのアイデアなど積極的に発言してきました。その結果、仕事の幅が広がりました。

【自己ＰＲ】

私の長所は向上心があるところです。現在は仕事のかたわらイタリア語の勉強にも取り組んでいます。語学の知識が身につくとメニューの説明も奥行きが広がることに気づいたからです。これからも現状に満足せず、自分にできる努力を地道に続けていきたいと思います。

以上

（付録５）職業の種類

種　類	職種内容
1．管理的な仕事	課（課担当をふくむ）以上の組織の管理的仕事に従事する者をいう。 たとえば、部長、課長、支店長、工場長など
2．専門的・技術的な仕事	高度の専門的水準において、科学的知識を応用した技術的な仕事に従事する者および医療・法律・芸術その他の専門的性質の仕事に従事する者をいう。 たとえば、科学研究者、機械・電気技術者、一級建築士、プログラマー、システムエンジニア、医師、薬剤師、看護師、准看護師、栄養士、福祉相談員、保育士、介護支援相談員、公認会計士、税理士、教員、記者、編集者、デザイナー、写真家、速記者など
3．事務的な仕事	一般に課長（課長担当職をふくむ）以上の職務にあるものの監督を受けて、庶務・文書・人事・会計・調査・企画・運輸・通信・生産関連・営業販売・外勤に関する事務および事務用機器の操作の仕事に従事する者をいう。 たとえば、一般事務員、銀行の窓口事務員、旅行会社カウンター係、案内係、フロント、集金人、メーター検針員、オペレーター、有料道路料金係、出改札係など
4．販売の仕事	商品（サービスをふくむ）・不動産・証券などの売買、売買の仲立、取次・代理などの仕事、保険外交、商品の売買・製造などに関する取引上の勧誘・交渉・受注の仕事に従事する者をいう。 たとえば、一般商店・コンビニエンスストア・スーパー・デパートなどの販売店員、レジ係、商品販売外交員、保険外交員、銀行外交員、スーパー店長、新聞拡張員、不動産仲介人など
5．サービスの仕事	理容・美容・クリーニング・調理・接客・娯楽など個人に対するサービス、居住施設・ビルなどの管理サービスおよびその他のサービスの仕事に従事する者をいう。 たとえば、理容・美容師、クリーニング工、調理人、ウェイター、ウェイトレス、接客係、ホームヘルパー、ベビーシッター、駐車場・ビル管理人、寮管理人、ツアーコンダクター、ビデオレンタル店員、広告ビラ配達員など
6．保安の仕事	社会・個人・財産の保護、法と秩序の維持などの仕事に従事する者をいう。 たとえば、守衛、警備員、監視員、建設現場誘導員など
7．生産工程の仕事	生産設備の制御・監視の仕事、機械・器具・手動具などを用いて原料・材料を加工する仕事、各種の機械器具を組立・調整・修理・検査する仕事、製版・印刷・製本の作業、生産工程で行われる仕事に関連する仕事および生産に類似する技能的な仕事に従事する者をいう。 たとえば、生産設備制御・監視員、機械組立設備制御・監視員、製品製造・加工処理工、機械組立工、機械修理工、自動車整備工、製品検査工など
8．輸送・機械運転の仕事	機関車・電車・自動車・船舶・航空機などの運転・操縦の仕事、およびその他の関連する仕事、並びに定置機関・機械および建設機械を操作する仕事に従事する者をいう。 たとえば、電車運転士、バス運転者、営業用乗用自動車運転者、貨物自動車運転者、船長、航海士・運転士、水先人、船舶機関長・機関士、航空機操縦士など
9．建設・採掘の仕事	建設の仕事、電気工事に係る作業を行う仕事、ダム・トンネルの掘削などの仕事、鉱物の探査・試掘・採掘・採取・選鉱の仕事に従事する者をいう。（ただし、建設機械を操作する仕事に従事する者は「輸送・機械運転の仕事」となる。） たとえば、型枠大工、とび職、鉄筋工、大工、れんが積工、ブロック積工、タイル張工、屋根ふき工、左官、畳工、配管工、送電線電工、外線電工、通信線架線工、電信機据付工、電気工事従事者、土木従事者、坑内採鉱員、石切工、砂利採取員など
10．運搬・清掃・包装等の仕事	主に身体を使って行う定型的な作業のうち、運搬・配達・梱包・清掃・包装等に従事する者をいう。 たとえば、郵便・電報外務員、船内・沿岸荷役従事者、陸上荷役・運搬従事者、倉庫現場員、配達員、荷造工、清掃従事者、包装工など
11．その他の仕事	農・林・漁業の従事者および上記以外の職種に従事する者をいう。

出所：職業分類表（日本標準職業分類、2009）より作成

《執筆者紹介》（執筆順）

長尾　博（ながお　ひろし）

編著者紹介参照

執筆担当：はじめに・第１章冒頭文・第２章・第３章・第４章・第５章・第６章第１節（１）～（３)、第２節（１）～（４)、第３節・第７章・おわりに

石田　秀文（いしだ　ひでふみ）

放送大学大学院文化科学研究科修士課程修了

現　在：長崎県総合就業支援センター　フレッシュワーク長崎チーフ・キャリアカウンセラー（臨床心理士、シニア産業カウンセラー、キャリアコンサルタント）

執筆担当：第１章第１節～第３節、第６章第２節（５）

佐藤　紀代子（さとう　きよこ）

放送大学大学院文化科学研究科修士課程修了

現　在：長崎純心大学キャリアセンター（臨床心理士、社会保険労務士）

執筆担当：第６章第１節（４）

《編著者紹介》

長尾 博（ながお ひろし）

九州大学教育学部卒業後、九州大学大学院教育学研究科修士課程修了、九州大学大学院教育学研究科博士課程単位終了中退。九州大学教育学部助手を経て、現職に至る。

現　在：活水大学文学部教授（医学博士）（専攻：臨床心理学、青年心理学、精神医学）

主　著：『三訂　学校カウンセリング』（ナカニシヤ出版）
『青年期の自我発達上の危機状態に関する研究』（ナカニシヤ出版）
『現代臨床心理学講座』（ナカニシヤ出版）
『図表で学ぶアルコール依存症』（星和書店）
『心理・精神療法ワークブック』（誠信書房）
『図表で学ぶ心理テスト』（ナカニシヤ出版）
『パースペクティブ青年心理学』（共著、金子書房）
『ヴィジュアル精神分析ガイダンス』（創元社）
『やさしく学ぶ認知行動療法』（ナカニシヤ出版）
『女ごころの発達臨床心理学』（福村出版）　ほか

多様化する「キャリア」をめぐる心理臨床からのアプローチ
—青年期から老年期までのケースに学ぶ—

2017年12月20日　初版第１刷発行　〈検印省略〉

定価はカバーに
表示しています

編著者　長尾　博
発行者　杉田啓三
印刷者　田中雅博

発行所　株式会社　ミネルヴァ書房

607-8494　京都市山科区日ノ岡堤谷町１
電話代表（075）581-5191
振替口座 01020-0-8076

創栄図書印刷・藤沢製本

ISBN978-4-623-08171-4
Printed in Japan